Terrorismus
Wie wir uns schützen
können

FLORIAN PEIL

TERRORISMUS

WIE WIR UNS SCHÜTZEN KÖNNEN

Dieses Buch wurde klimaneutral produziert:

ClimatePartner°
klimaneutral

Druck | ID 11244-1609-1003

Bibliografische Information der Deutschen Nationalbibliothek
Die Deutsche Nationalbibliothek verzeichnet diese Publikation in
der Deutschen Nationalbibliografie; detaillierte bibliografische
Daten sind im Internet über http://dnb.d-nb.de abrufbar.

Das Werk einschließlich aller seiner Teile ist urheberrechtlich geschützt.
Jede Verwertung ist ohne Zustimmung des Verlages unzulässig. Das gilt
insbesondere für Vervielfältigungen, Übersetzungen, Mikroverfilmungen und
die Einspeicherung und Verarbeitung in elektronischen Systemen.

Copyright © 2016 Murmann Publishers GmbH, Hamburg

Druck und Bindung: Steinmeier GmbH & Co. KG, Deiningen
Printed in Germany

ISBN 978-3-86774-559-8

Besuchen Sie uns im Internet: www.murmann-publishers.de
Ihre Meinung zu diesem Buch interessiert uns!
Zuschriften bitte an info@murmann-publishers.de
Den Newsletter des Murmann Verlages können Sie anfordern unter
newsletter@murmann-publishers.de

Inhalt

Vorwort _____ 7

1. WAS TERRORISTEN WOLLEN _____ 13
2. WIE TERRORISTEN VORGEHEN _____ 31
3. DIE BEDROHUNGSLAGE IN EUROPA _____ 53
4. VERHALTEN BEI TERRORANSCHLÄGEN _____ 75
5. WAS JEDER GEGEN TERRORISMUS
   TUN KANN _____ 99

Das Wichtigste in Kürze _____ 120
Anmerkungen _____ 123
Weiterführende Literatur _____ 126
Danksagung _____ 128

Vorwort

»Wissen ist das beste Mittel gegen Furcht.«
Ralph Waldo Emerson

Unser Leben fühlt sich nicht mehr so sicher an wie gewohnt. Die Bedrohung durch Anschläge insbesondere dschihadistischer Terroristen ist den meisten von uns mittlerweile ständig im Bewusstsein. Für Terroristen ist dies ein erwünschtes Ziel. Sie wollen mit ihren Taten Angst und Schrecken verbreiten, und auch ein Gefühl der Hilflosigkeit: Die Schockwirkung eines Anschlags führt bei vielen Menschen zu dem Eindruck, der Bedrohung nichts entgegensetzen zu können.

Doch das ist falsch. Jeder Einzelne kann etwas gegen die Bedrohung durch den Terrorismus tun. Zunächst muss er die Natur der Bedrohung verstehen, um angemessen darauf reagieren zu können. Verstehen reduziert die Angst. Wer um seine Handlungsmöglichkeiten weiß, reduziert diese Angst noch weiter. Unsere Reaktion auf Terroranschläge entscheidet maßgeblich über deren Erfolg.

Es gibt zwei Ebenen der Bedrohung: die Bedrohung für Leib und Leben – und die Bedrohung durch die Manipulation der Psyche. Die erste wird überschätzt, die zweite unterschätzt. Wenn wir unsere Wahrnehmung verändern, können wir dem Terrorismus viel von seiner Bedrohlichkeit nehmen. Ich habe mich entschlossen, dieses Buch zu schreiben, um der Bedrohung durch den Terrorismus etwas entgegenzusetzen – und auf diese Weise die Gefühle von Angst, Schrecken und Hilflosigkeit zu verringern. Daher möchte ich mein umfassendes Wissen über den Terrorismus weitergeben.

Dieses Wissen habe ich in vielen Jahren des Studiums und vor allem in der Praxis erworben. Als Islamwissenschaftler spreche ich Arabisch und kenne den Kulturraum sehr gut, dem die Ideologie des Dschihadismus entspringt. Seit vielen Jahren bin ich immer wieder in der islamischen Welt unterwegs, früher zu Forschungszwecken, heute überwiegend beruflich, mitunter auch privat. Stets vermögen mich der Reichtum der Kulturen sowie die Herzlichkeit und Gastfreundschaft der Menschen dort aufs Neue zu beeindrucken. Umso bedrückender ist es zu sehen, wie dieser kulturellen Vielfalt durch die gegenwärtige Ausbreitung des Terrorismus die schrittweise Vernichtung droht. Die Terroristen wollen diese Kulturen vernichten und durch ihre eigene ersetzen. Als ehemaliger leitender Mitarbeiter einer Sicherheitsbehörde im Bereich der Bekämpfung des islamistischen Terrorismus sowie in meiner heutigen Tätigkeit als Sicherheitsberater mit dem Schwerpunkt Nahost und Nordafrika habe ich mich aus unterschiedlichen Perspektiven eingehend mit den Zielen, Strukturen und Vorgehensweisen der Terroristen beschäftigt und tue dies noch. Über die Einzelheiten dieser Tätigkeiten kann ich nicht berichten, aber meine daraus resultierenden Erfahrungen sind in dieses Buch eingeflossen.

Der Schwerpunkt dieses Buches liegt auf der Bedrohung durch dschihadistische Terroristen, allen voran durch die

Dschihadisten des Islamischen Staates (IS) und der mit ihm in Verbindung stehenden Täter.[1] Das liegt nicht in erster Linie an der Zahl der Opfer – einmal abgesehen davon, dass solche Zahlen ihre Tücken haben: Da es weltweit keine verbindliche Definition von Terrorismus gibt, weichen die vorliegenden Statistiken zur Zahl der Terroranschläge und -opfer häufig voneinander ab, schließlich hängt die Aussagekraft einer Statistik von der jeweiligen Terrorismus-Definition der betreffenden Quelle ab. Statistiken über Terrorismus sind daher nur eingeschränkt aussagekräftig. Dennoch sind sie wichtige Instrumente, um Entwicklungen und Trends zu analysieren. Die Zahl der Todesopfer infolge von dschihadistischen Anschlägen liegt im deutschsprachigen Raum gegenwärtig noch im einstelligen Bereich, während die Opferzahlen in unserem Nachbarland Frankreich inzwischen in die Hunderte gehen. Entscheidend ist aber die *Wahrnehmung* der Bedrohung durch den IS – die Frage, wie groß die Bedrohung in unseren Köpfen ist. Da liegt der IS ganz vorn.

Auch der Rechts- und Linksterrorismus werden in diesem Buch erwähnt, aber in vielen Fällen nur gestreift. Mitunter ziehe ich Beispiele aus diesen Bereichen heran, die bestimmte Sachverhalte besonders anschaulich illustrieren. Ebenso werden auch nicht terroristisch motivierte Gewalttaten am Rande erwähnt. In manchen Fällen sind die Grenzen zwischen einem terroristischen Akt und einem Amoklauf oder zwischen Terrorismus und Kriminalität fließend. Für jemand, der sich in einer solchen Gewaltsituation befindet, ist die Motivation des oder der Täter weder relevant noch unmittelbar zu erkennen. Es geht ihm allein darum, diese Situation möglichst unbeschadet zu überstehen. Die Hinweise in diesem Buch sollen dabei helfen. Denn wer sich auf die Möglichkeit eines Terroranschlags vorbereitet, der erhöht die eigene Resilienz oder Widerstandskraft. Wer weiß, was in einer solchen Extremsituation zu tun ist, kann besser mit dem Stress umgehen und erhöht dadurch die eigene Überlebenschance.

Selbstverständlich ist es das Beste, Terroranschläge von vornherein zu verhindern. Dazu kann jeder beitragen. Die schärfste Waffe dafür ist ein geschultes Wahrnehmungsvermögen. Eine wachsame Gesellschaft kann Terroristen die Vorbereitung eines Anschlags deutlich erschweren und ihn im Idealfall sogar verhindern. Dazu erhalten die Leser in den Kapiteln 4 und 5 dieses Buchs einige Methoden und Verhaltensprinzipien, die sich in der Praxis tausendfach bewährt haben. Dabei haben diese Methoden nichts Glamouröses. Sie sind einfach und von jedem jederzeit erlern- und anwendbar.

Der Terror der Dschihadisten richtet sich grundsätzlich gegen jeden Bürger in Deutschland und Europa. Jeder kann gegenwärtig zum Ziel werden. Besonders bedroht sind jedoch jene Menschen, die sich häufig an für Terroristen attraktiven Zielen aufhalten. Dazu zählen Bahnhöfe, Flughäfen und alle öffentlichen Plätze. Leser, die oft an solchen Orten sind, werden in diesem Buch zahlreiche Tipps finden, um ihre Bedrohung zu verringern.

Terroristen geht es darum, unsere Gesellschaft und unsere Kultur zu zerstören. Werte wie Freiheit, Toleranz und Gleichberechtigung sind ihnen ein Dorn im Auge. Alles Wissen und alle Hinweise in diesem Buch haben ein wesentliches Ziel: uns das Leben, *unser* Leben, wieder zu erleichtern. Denn nur wenn wir unsere Werte leben, entziehen wir uns dem zerstörerischen Sog des Terrorismus. Dazu kann jeder Einzelne seinen Teil beitragen.

Florian Peil
Berlin, im September 2016

KAPITEL 1
WAS TERRORISTEN WOLLEN

> »Ein Radiosender ist für unsere Sache wichtiger als die Atombombe.«
> *Osama Bin Laden*

Nach jedem Terroranschlag in Europa oder Nordamerika oder an beliebten Reisezielen westlicher Touristen beginnt das Schauspiel von Neuem: Aufnahmen von Tod und Zerstörung flackern über die Bildschirme, atemlose Moderatoren führen durch eilends anberaumte Sondersendungen, und in den Fernsehstudios sind Terrorismus-Experten gefragte Gäste. In der Phase unmittelbar nach einem Anschlag ist der Ton der Berichterstattung oft hysterisch, und in den sozialen Medien wuchern Gerüchte und Verschwörungstheorien.

Die Terroristen reiben sich bei diesem Spektakel die Hände: Der auf einen Anschlag folgende Aufschrei der Medien ist ein wesentlicher Teil ihres Plans. Denn Art und Umfang der Berichterstattung entscheiden maßgeblich über das Gelingen ihrer Tat: Je größer die Aufmerksamkeit, desto erfolgreicher ist ein Anschlag aus Sicht der Terroristen. Tatsächlich verfolgen Terroristen mit einem Anschlag eine Reihe von Zielen; das Töten unschuldiger Menschen ist dabei nur ein Mittel zum Zweck.

Was Terroristen sind

Terroristen sind entweder nichtstaatliche Gruppen oder Individuen, die politische Ziele verfolgen und in der Regel ideologisch motiviert sind. Entscheidend ist, dass sie machtlos sind und durch die Anwendung von Gewalt versuchen, ihren politischen Einfluss zu vergrößern, um eine bestehende Ordnung zu attackieren. Terroristen sind per Definition schwach.

Terroranschläge sind somit eine Taktik im Kampf kleiner Gruppen gegen so mächtige Gegner wie Nationalstaaten. Wären Terroristen stark, könnten sie ihren Gegnern in einer militärischen Auseinandersetzung gegenübertreten, statt sie mit terroristischen Mitteln anzugreifen. Aufgrund ihrer Schwäche wählen die Terroristen jedoch Angriffe aus dem Hinterhalt, denn in einer direkten Konfrontation mit ihrem Gegner wären sie unterlegen und ohne Chance.

Welche Ziele Terroristen mit Anschlägen verfolgen

Mit der Durchführung von Anschlägen verfolgen Terroristen fünf wesentliche Ziele:

1 / Terroristen wollen Aufmerksamkeit für ihre Sache, ihr politisches Ziel. Aufmerksamkeit ist die Luft zum Atmen für Terroristen, ohne mediale, gesellschaftliche und politische Aufmerksamkeit können sie nicht existieren. Ein Anschlag, der keine Beachtung findet, hat keine Wirkung; er verändert nichts.

2 / Terroristen wollen Angst und Schrecken verbreiten. Das geht bereits aus dem lateinischen Wort »terror« hervor: Es bedeutet »Schrecken«. Jeder Anschlag ist ein Schock für die betroffene Gesellschaft. Panik, Hysterie, Einschüchterung und Lähmung sind nicht nur verständliche Reaktionen der Gesellschaft und Medien, sondern beabsichtigte Effekte. Terroristen wollen unser Denken besetzen, so drückte es der Journalist Franz Wördemann in den 1970er-Jahren aus; sie wollen einen festen Platz in unseren Köpfen. Es geht ihnen darum, den jeweiligen Gegnern ein Gefühl der Unsicherheit und permanenten Bedrohung zu vermitteln.

3 / Terroristen wollen provozieren. Ein Anschlag soll den Gegner zu überzogenen Reaktionen verleiten. Terroristen fordern Staaten heraus, indem sie durch Anschläge deren Machtmonopol infrage stellen und den Bürgern suggerieren, dass der Staat nicht in der Lage sei, sie zu schützen. Um diesem Eindruck entgegenzuwirken, reagieren Staaten meist mit groß angelegten Polizeieinsätzen und Razzien – oder rufen wie im Falle der USA nach dem 11. September gar einen »Krieg gegen den Terror« aus.

4 / Terroristen wollen polarisieren. Mit Anschlägen versuchen Terroristen, einen Keil zwischen verschiedene Bevölkerungsgruppen eines Landes zu treiben. Die in jeder Gesellschaft existierenden Bruchlinien dienen dabei als Hebel, um den sozialen Kitt einer Gesellschaft aufzulösen, innenpolitisch für Unruhe zu sorgen und Staaten auf diese Weise zu destabilisieren. Eine solche Polarisierung kann auch entstehen, wenn bislang unbeteiligte Bevölkerungsgruppen infolge von Anschlägen unverschuldet unter strengen Repressionen des Staates wie Razzien oder regelmäßigen Polizeikontrollen zu leiden haben und sich infolge dessen radikalisieren.

5 / Terroristen wollen mobilisieren. Ihre Terroranschläge sind auch eine Botschaft an den sogenannten »interessierten Dritten«, der bis dahin unbeteiligt und neutral war. Dieser potenzielle Sympathisant soll zunächst Interesse für die Sache der Terroristen entwickeln, um dann nach und nach zum Unterstützer zu werden; im Idealfall schließt er sich im letzten Schritt den Terroristen an. Jeder Anschlag ist somit auch ein Propagandaakt in eigener Sache, mit dem Ziel, die eigene Basis zu verbreitern und damit den eigenen Einfluss in der Gesellschaft zu vergrößern.

Jeder Terroranschlag ist eine Botschaft

Entgegen der landläufigen Meinung geht es Terroristen in vielen Fällen erst in zweiter Linie um das Töten unschuldiger Menschen. In erster Linie wollen Terroristen Gehör für ihre Sache finden. Dass dabei Menschen ihr Leben lassen, dient – so bitter dies ist – vor allem dem Ziel, Aufmerksamkeit zu erzeugen, und ist damit fast immer lediglich Mittel zum Zweck.
Nüchtern betrachtet ist jeder Terroranschlag eine Botschaft. Um die jeweilige Botschaft zu transportieren, wählen Terroristen Ziele, die eine symbolische Bedeutung haben. Die Botschaft versteckt sich in dieser Symbolik: Jeder Anschlag enthält Zeichen, die sich lesen lassen. Das wichtigste Zeichen ist das Ziel des Anschlags, denn es verrät, wen die Terroristen treffen wollten. Weitere wichtige Hinweise können der Ort und das Datum des Anschlags sowie die gewählte Vorgehensweise liefern.

Nur wenn es gelingt, die Botschaft eines Anschlags richtig zu deuten, sind wir in der Lage, angemessen zu reagieren. Unsere Reaktion entscheidet ganz erheblich darüber, inwieweit ein Terroranschlag ein Erfolg für die Terroristen wird.

Die Botschaft entschlüsseln

Am Morgen des 11. September 2001 rasen kurz nacheinander zwei Passagierflugzeuge in die beiden Türme des World Trade Centers in New York City. Ein drittes Flugzeug stürzt in das Pentagon, das US-amerikanische Verteidigungsministerium; eine weitere Maschine stürzt in Pennsylvania ab. Es war vermutlich auf dem Weg nach Washington, um entweder das Weiße Haus oder als Ausweichziel das Kapitol anzugreifen.

Der Einsturz der beiden Türme wird live im Fernsehen übertragen. Überall auf der Welt kann man dabei zusehen, wie Menschen aus dem 100. Stockwerk springen, um den Flammen zu entgehen, und den quälend lang wirkenden Flug in den sicheren Tod beobachten.

Es sind die dramatischsten aller Bilder. Die Welt ist im Schock, wie festgefroren, unfähig, sich von den Bildern auf den Bildschirmen abzuwenden. Vielleicht ergeht es Ihnen auch so, dass bereits diese wenigen Zeilen ausreichen, um die Bilder von damals wieder vor Ihrem inneren Auge ablaufen zu lassen. Vermutlich kann sich jeder, der den 11. September bewusst miterlebt hat, noch genau daran erinnern, wo er war und was er tat, als die Nachricht des Anschlags ihn erreichte. Psychologen nennen dies

Blitzlichterinnerungen: detaillierte und genaue Erinnerungen an dramatische Ereignisse von weltweiter Bedeutung, die emotional bewegen. Rund 3000 Menschen kommen an diesem Tag bei dem Anschlag ums Leben. Der 11. September ist ein terroristischer Massenmord – und der aus Sicht der Terroristen erfolgreichste Anschlag in der Geschichte des Terrorismus.

Wie nun lässt sich die Botschaft dieses Terroranschlags der Superlative entschlüsseln? Was wollten die Terroristen der Welt mitteilen, wie lautete ihre Botschaft? Um den Anschlag zu deuten, gilt es, sechs Kernfragen zu beantworten:

1 / Wer steckte hinter dem Anschlag? Der Anschlag wurde von der Terrororganisation al-Qaida geplant und durchgeführt. Deren Anführer Osama Bin Laden bekannte sich jedoch erst 2004 endgültig zu dem Anschlag.

2 / Wann geschah der Anschlag? Das Datum des 11. September 2001 hatte für den Anschlag selber keine besondere Bedeutung, wurde jedoch zu einem wichtigen Referenzdatum für folgende Anschläge. Die Zuganschläge in Madrid am 11. März 2004 zum Beispiel fanden in der Berechnung der Attentäter exakt 911 Tage nach 9/11 statt.

3 / Wo fand der Anschlag statt? Von den angegriffenen Orten sind die Städte New York City und Washington DC relevant. New York City ist eine der Megastädte der USA. Für viele Menschen auf der ganzen Welt symbolisiert New York wie keine andere Stadt die USA und ihre Werte. Auf einer höheren Ebene kann der Anschlag als Angriff auf die gesamte westliche Welt und ihre Werte verstanden werden. Das World Trade Center wiederum symbolisierte die Finanzmacht der USA. Die beiden alles überragenden Türme waren ein Symbol par excellence: Sie standen für das Kapital und für die wirtschaftliche Macht der USA, in der Wahrnehmung vieler Nicht-Amerikaner, nicht nur im Nahen Osten, aber ebenso für den Imperialismus der USA, für eine aggressive Außenpolitik und die Unterwerfung der übrigen Welt.

Das Pentagon bei Washington stand und steht für die militärische Macht der USA und galt bis dahin als nicht angreifbar. Damit bildete es aus Sicht der Terroristen das perfekte Ziel, um der Welt die tatsächliche Verletzlichkeit der USA vor Augen zu führen.

Es bleibt unklar, ob das vierte Flugzeug, das in Pennsylvania abstürzte, tatsächlich das Kapitol in Washington DC oder das Weiße Haus zum Ziel hatte. Beide Gebäude sind in der ganzen Welt bekannte Symbole für die politische Macht der USA.

4 / Wie gingen die Terroristen vor? Die insgesamt 19 Terroristen entführten vier Passagierflugzeuge, um diese in die ausgewählten Ziele zu steuern. Die Attentäter waren Selbstmordattentäter; alle 19 starben bei dem Anschlag. Die ausgewählten Ziele waren von beachtlicher Größe, daher erforderte die Zerstörung dieser Ziele geeignete Waffen: Flugzeuge.

5 / Gegen wen richtete sich der Anschlag? Ziele des Anschlags waren zivile und militärische Gebäude, die Machtzentren der amerikanischen Politik, Wirtschaft und des

Militärs symbolisierten. Die Opfer waren überwiegend Zivilisten, aber auch Militärs. Militärs repräsentieren die amerikanische Regierung und in einem weiteren Sinne auch die amerikanische Außenpolitik. Zivilisten wiederum repräsentieren als Bürger der USA ein gesellschaftliches System und die damit verbundenen Werte.

6 / Warum wurde der Anschlag verübt? Das Warum eines Anschlags erklärt sich entweder aus einem Bekennerschreiben oder -video der Attentäter oder, sofern dieses fehlt, allein aus der Symbolik des Anschlags. In vielen Fällen ist es eine Mischung aus beidem. Im Falle des 11. September ist die Symbolik des Anschlags sehr deutlich: Die Summe der Ziele repräsentiert all das, was die Terroristen hassten und vernichten wollten. Ihre Botschaft lautete: Amerikaner, zieht euch aus der islamischen Welt zurück, hört auf, die Muslime in aller Welt zu unterdrücken. Zieht euch zurück, oder ihr seid nicht sicher, nirgendwo. Ihr mögt eine Supermacht sein und die Welt beherrschen. Doch wir können euch treffen, wann und wo immer wir wollen, selbst in euren hoch gesicherten Zentren. Ihr könnt euch nicht schützen. Euer Staat kann euch nicht schützen. Wir werden euch vernichten.
Der 11. September hat uns die Funktionsweise des Terrorismus in brutaler Klarheit vor Augen geführt: eine präzise Botschaft, ein politisches Ziel, der Einsatz von Gewalt und die maximale Aufmerksamkeit der ganzen Welt. Kein anderer Anschlag hatte einen derartigen Einfluss auf den Verlauf der Weltgeschichte. Die USA riefen in Reaktion auf 9/11 den »Krieg gegen den Terror« aus und bombardierten zunächst die Taliban in Afghanistan, bevor sie in

das Land einmarschierten. Im Jahre 2003 stürzten die USA Saddam Hussein im Irak. Als Reaktion auf die Anwesenheit von US-Truppen im Land bildeten sich schnell zahlreiche Widerstandsgruppen, aus denen 2014 auch der Islamische Staat hervorging. Das hervorstechendste Ergebnis des »Kriegs gegen den Terror« ist das Erstarken der weltweiten dschihadistischen Bewegung. Die Folgen bekommen wir heute in Form einer wachsenden Zahl von Terroranschlägen zu spüren, auch in Europa.
Der Anschlag vom 11. September war aus Sicht des Terrorismus auch deshalb so erfolgreich, weil er in medialer Hinsicht brillant inszeniert war. Auch 15 Jahre später sind die Bilder des Anschlags so mächtig, dass wir sie noch in den Köpfen haben: als eine apokalyptische Erfahrung, als Erinnerung an einen Tag, an dem die Welt stillzustehen schien.

Wie das Beispiel zeigt, kalkulieren Terroristen bei der Planung eines Anschlags die anschließende Berichterstattung bereits mit ein. Aus Sicht der Terroristen bemisst sich der Erfolg eines Anschlags heutzutage vor allem an seiner medialen Verbreitung. Überspitzt formuliert: Für Terroristen ist Sendezeit wichtiger als die Zahl der Opfer. Denn dank der Massenmedien können auch kleine Anschläge durch eine geschickte Inszenierung eine große Wirkung entfalten.
Die Verbreitung der Bilder eines Terroranschlags durch die Massenmedien ist also ein essenzieller Teil des Plans und des terroristischen Kalküls: Die Terroristen wissen, dass es eine allzeit bereite Maschinerie gibt, die ihnen ihr Material bereitwillig abnimmt und verarbeitet. Und sie

wissen diese Maschinerie der Medien zu nutzen und zu manipulieren, indem sie ihre Terroranschläge mediengerecht inszenieren. Terroristen und Massenmedien leben somit in einer Symbiose. Beide profitieren voneinander, da sie die stete Suche nach größtmöglicher Aufmerksamkeit gemeinsam haben.

Das Dilemma der Medien

Die Medien, allen voran das Fernsehen, stecken bei der Berichterstattung über Terroranschläge in einer Zwickmühle: Einerseits haben sie die Aufgabe, ihre Leser oder Zuschauer zu informieren, und dies möglichst wahrheitsgetreu und objektiv. Auf der anderen Seite spielen sie mit den blutigen Bildern der Anschläge den Terroristen in die Hände. Die Berichterstattung über Terroranschläge ist damit eine ständige Gratwanderung zwischen der Verpflichtung zur Information und der Gefahr, zu Erfüllungsgehilfen der Terroristen zu werden. Journalisten müssen deswegen immer wieder infrage stellen und diskutieren, ob und inwieweit sie Bilder der Anschläge zeigen, wie sie diese kommentieren und ob sie nicht die von den Terroristen gewünschten Bilder durch eigene Recherchen relativieren können.

Diese Aufgabe lösen die unterschiedlichen Medien unterschiedlich gut: Die Breaking News oder Eilmeldungen mit ihrer atemlosen und mitunter etwas hysterischen Live-Berichterstattung stehen einer ausgewogenen Berichterstattung gegenüber, die ausgewählte Bilder zwar zeigt, diese aber entsprechend kommentiert, einordnet und durch eigene Recherchen ergänzt. Auf der einen Seite dominieren Spekulationen und Gerüchte, auf der anderen Recherche und Analyse. Die einen sind schnell, die anderen langsam. Der Filter der einen ist grob, die anderen bemühen sich um einen feineren Filter.

Ein Beispiel für den überlegten Umgang mit brutalen Bildern lieferte das heute-journal im ZDF im September 2014, als der IS mit dem Journalisten Steven Sotloff eine weitere seiner Geiseln vor laufender Kamera enthauptet hatte. Moderator Claus Kleber kommentierte dies so: »Heute veröffentlichte die Terrorgruppe Islamischer Staat ein Video wohl von der Enthauptung eines zweiten amerikanischen Journalisten, den sie in Geiselhaft hatten. Damit ist zu den Fakten alles gesagt. Wir sehen dieses Mal keinen journalistischen Grund, Ihnen auch noch Bilder dazu zu zeigen.«

Damit hatte Kleber ein Zeichen gesetzt und indirekt zu einem verantwortungsvollen Umgang mit den brutalen Bildern des Terrors aufgerufen. Leider lässt sich der Verzicht auf Bilder im Fernsehen nicht beliebig oft wiederholen, denn wenn die Bilder in einer Berichterstattung fehlen, wandern die Zuschauer ab und suchen sich die Bilder anderswo. Besonders die sozialen Medien haben in vielen Bereichen den traditionellen Medien den Rang abgelaufen und sie als Informationsquelle abgelöst. Denn in den sozialen Netzwerken gibt es Informationen in Echtzeit und ungefiltert. Gerade brutale Bilder können das Internet zeitweilig geradezu fluten. Man kann diesen Bildern kaum mehr entkommen – und dafür sind viele von uns verantwortlich.

Die Medien-Experten der Dschihadisten wissen diese Lust am Bild für sich zu nutzen. Sie sind Meister der Propaganda und haben die Inszenierung von Terroranschlägen, Enthauptungen und Hinrichtungen praktisch zu einer Kunstform erhoben. Ihre Videos werden von mehreren Kameras mit hoher Auflösung und unterschiedlichen Perspektiven aufgenommen und durch geschickte Schnitte bearbeitet. Die Unterlegung mit dschihadistischen Kampfgesängen und eine effektive Dramaturgie machen die Videos so wirkungsvoll, dass sich der Zuschauer kaum abwenden kann. Ihre Inszenierungen sind eine Pornografie des Terrors.

Tod in Echtzeit

Am Abend des 14. Juni 2016 lauerte Larossi Abballa in der französischen Stadt Magnanville nahe Paris dem Polizisten Jean-Baptiste Salvaing vor dessen Haus auf und tötete ihn mit einem Messer. Dann brach er in das Haus ein und schnitt der Frau des Polizisten die Kehle durch. Anschließend filmte sich der 25 Jahre alte Franzose marokkanischer Abstammung im Haus seiner Opfer dabei, wie er seinen Treueeid gegenüber dem Islamischen Staat und seine Motivation für die Tat erklärte. Sein Video vom Tatort lud er live bei Facebook hoch.
Abballa wurde kurz darauf von einem Sondereinsatzkommando der französischen Polizei erschossen. Der IS veröffentlichte nach seinem Tod eine bearbeitete Fassung des Videos über seine Amaq-Medienstelle auf dem Videokanal YouTube.
Der Anschlag von Magnanville ist deshalb bemerkenswert, weil ein Terrorist zum ersten Mal in der Geschichte

des Terrorismus live vom Tatort sendete, wenn auch nicht die Tat selber.

Das hatte mehr als ein Jahr zuvor bereits Amedy Coulibaly versucht. Der 32 Jahre alte Franzose malischer Abstammung stürmte gegen Mittag des 9. Januar 2015 einen koscheren Supermarkt in Paris. Er schoss zunächst wild um sich und tötete dabei drei Menschen. Die übrigen Anwesenden nahm er als Geiseln. Eine der Geiseln tötete Coulibaly später. Sein Morden hatte er mit einer kleinen Videokamera aufgenommen, die er sich um den Bauch gebunden hatte. Aussagen von Ermittlern zufolge versuchte er erfolglos, das sieben Minuten lange Video aus dem Supermarkt heraus zu verschicken. Vieles spricht dafür, dass es Coulibaly aufgrund von Verbindungsproblemen nicht gelungen ist, die Aufnahmen per Mail an einen Helfer zu verschicken.

Doch was Coulibaly nicht gelang, wird anderen gelingen. Es ist nur eine Frage der Zeit, bis Terroristen ihr Morden live ins Internet übertragen. Die entsprechende Technologie existiert bereits. Kleine und robuste, dabei hochauflösende Kameras, die sich an Helm oder Körper tragen lassen, ermöglichen ungefilterte Bilder. Bislang werden diese Kameras vor allem im Sportbereich eingesetzt. Doch auch für Terroristen ist diese Möglichkeit besonders interessant, denn die düstere Faszination des Mordens wird ohne Zweifel für die erwünschte Aufmerksamkeit sorgen. Damit ist eine weitere Stufe im Kampf um Aufmerksamkeit erklommen, der sich von immer brutaleren Bildern hin zu immer aktuelleren entwickelt. Der Vorteil für die Terroristen besteht darin, dass auf diese Weise auch kleine Taten große Wirkung entfalten können.

Angemessen auf einen Terroranschlag reagieren

»Keep calm and carry on.«
Winston Churchill

Die Reaktion der betroffenen Gesellschaft auf einen Terroranschlag bestimmt über dessen Erfolg. Diese Reaktion sollte vor allen Dingen besonnen ausfallen. Das Minimalziel muss sein, die Terroristen wenigstens nicht zu stärken. Im Idealfall gelingt es sogar, sie zu schwächen.

Um eine angemessene Reaktion zu entwickeln, müssen wir die in einem Terroranschlag enthaltenen Botschaften entschlüsseln, um die dahinterstehenden Ziele erkennen zu können. Denn nur wenn wir die Ziele der Terroristen kennen, können wir diese durchkreuzen. Die große Gefahr besteht darin, in die ausgelegten Fallen der Terroristen zu tappen.

Gewonnen haben die Terroristen dann, wenn wir als Gesellschaft so reagieren, wie sie das wollen. Insofern liegt es auch in der Hand jedes Einzelnen, durch seine individuelle Reaktion auf einen Anschlag die Terroristen zu stärken oder zu schwächen.

Wie reagieren wir angemessen auf einen Terroranschlag?

1 / Den Terroristen so wenig Aufmerksamkeit wie möglich schenken. Fehlende Aufmerksamkeit schwächt die Terroristen. Ihre größte Angst ist es, nicht gehört und nicht wahrgenommen zu werden. Geben Sie den Terroristen nicht, was sie wollen!

2 / Die eigene Angst annehmen. Im Falle eines Terroranschlags und der damit einhergehenden Bilder Angst zu verspüren ist menschlich und normal. Akzeptieren Sie für den Moment den Schockeffekt jeden Anschlags und das damit verbundene Gefühl der Machtlosigkeit. Wichtig ist es, nicht in Hysterie zu verfallen.

3 / Meiden Sie die mediale Überdosis. Selbstverständlich benötigen Sie in der chaotischen Situation eines Terroranschlags ein Mindestmaß an Information, um sich zu orientieren und ihr Bedürfnis nach Sicherheit befriedigen zu können. Nutzen Sie hierfür aber möglichst verlässliche Quellen wie die großen Nachrichtensender oder auch polizeiliche Informationen, und vermeiden Sie bewusst ein Übermaß medialer Bilder. Diese können eine große Macht entwickeln. Teilen Sie nicht reflexartig Bilder des Anschlags in Ihren sozialen Netzwerken. Lassen Sie nicht zu, dass der Terrorismus Ihr Denken besetzt. Räumen Sie den Bildern des Terrors nicht mehr Platz in Ihrem Kopf ein als unbedingt notwendig.

4 / Nicht provozieren lassen. Anschläge sollen die angegriffenen Gesellschaften zu Überreaktionen und voreiligen Racheakten provozieren. Um nicht in diese Falle zu tappen, sollten wir zunächst die Botschaft des Anschlags verstehen und anschließend bestimmen, wie eine angemessene Reaktion auszusehen hat.
Grundsätzlich empfiehlt es sich, auf markige Worte und Kriegsrhetorik zu verzichten. Wut und Hass sind keine guten Ratgeber, sondern schüren die Emotionen zusätzlich und geben den Terroristen mehr Aufmerksamkeit,

als sie verdienen. Zeigen wir ihnen also besser die kalte Schulter und lassen wir den staatlichen Institutionen Zeit und Raum, eine angemessene Reaktion zu planen und diese dann entschlossen und mit der gebotenen Härte durchzuführen.

5 / Den Versuch der Polarisierung von Gesellschaften unterlaufen. Terroristen versuchen mitunter, die in jeder Gesellschaft existierenden Spannungen und Bruchlinien zwischen den verschiedenen Bevölkerungsgruppen als Hebel zu nutzen, um diese Gesellschaften zu destabilisieren. Der IS versucht dies aktuell, indem er die Vorbehalte gegen Flüchtlinge und Muslime im Allgemeinen schürt.

Grundsätzlich können wir dem Terrorismus nur mit Haltung begegnen. Wir müssen unsere Werte wie Freiheit, Menschenrechte und Demokratie aktiv verteidigen, indem wir sie bewusst leben und zelebrieren, statt uns aus Angst vor den Terroristen in eine Art Hochsicherheitszone zu verkriechen. Terroristen greifen uns an, weil sie unsere Werte hassen, unsere Weltanschauung und unsere Weise zu leben. Sobald wir unsere Werte aufgeben, haben die Terroristen ihr Ziel erreicht.

KAPITEL 2
WIE TERRORISTEN VORGEHEN

Terroranschläge kommen scheinbar aus dem Nichts. Das macht einen großen Teil ihres Schreckens aus. Überraschend kommen Anschläge allerdings nur für die Betroffenen. Tatsächlich planen Terroristen ihre Anschläge aber lange im Voraus, über Wochen oder Monate hinweg, mitunter gar über Jahre wie etwa im Falle des 11. September 2001.

Eine gründliche Planung und Vorbereitung ist die Voraussetzung, damit ein Anschlag die von den Terroristen gewünschte Wirkung entfaltet; je komplexer der Anschlag, desto mehr Planung ist erforderlich. Dieser gesamte Prozess rund um einen Anschlag lässt sich als *terroristischer Angriffszyklus* bezeichnen. Er unterteilt sich in folgende fünf Phasen:

1 / Auswahl des Ziels
2 / Planung und Vorbereitung der Operation
3 / Durchführung des Anschlags
4 / Flucht
5 / Mediale Verwertung des Anschlags

Phase 1: Auswahl des Ziels

Im ersten Schritt des terroristischen Angriffszyklus geht es um die Auswahl mehrerer geeigneter Ziele für einen Anschlag. Diese Vorauswahl erfolgt gemäß der jeweiligen Ideologie der Terroristen und dem angestrebten Effekt des Anschlags: Welche Wirkung soll der Anschlag haben? Welche Botschaft soll an welches Publikum gesendet werden? Welche Ziele kommen aufgrund ihres symbolischen Wertes dafür infrage? Soll beispielsweise ein hochrangiger Politiker ermordet werden, um die Schwäche der amtierenden Regierung zu demonstrieren? Oder sind zivile Bürger das Ziel, als Vertreter einer bestimmten Gesellschaft und deren Werte? Mit welchem Medienecho ist in der Folge zu rechnen?

Dieser Schritt erfordert erste Aufklärungs- und Beobachtungsmaßnahmen. Heutzutage können bereits viele wertvolle Informationen per Internet-Recherche gewonnen werden, so zum Beispiel Luft- und Satellitenbilder oder Grundrisse von Gebäuden. Unweigerlich kommt aber der Punkt, an dem die Terroristen ihr Versteck verlassen und in die Öffentlichkeit gehen müssen. Sie müssen einen Eindruck davon gewinnen, welche der potenziellen Ziele am ehesten für einen Anschlag infrage kommen. Der Fokus liegt in dieser Phase darauf, ein möglichst »attraktives« Ziel zu finden, gemäß der beabsichtigten Wirkung des Anschlags.

Der zweite Schritt besteht in einer einfachen Abwägung von Kosten und Nutzen im Hinblick auf das Risiko: Welche der ausgewählten Ziele sind mit einem vergleichsweise geringen Risiko verbunden und versprechen zugleich eine hohe Wahrscheinlichkeit der erfolgreichen Umsetzung? Für Terroristen attraktive Ziele lassen sich unterscheiden in sogenannte harte und weiche Ziele.

Harte Ziele sind solche, die durch Sicherheitsmaßnahmen wie zum Beispiel Videoüberwachung, Barrieren und Wachpersonal geschützt sind. Dazu zählen etwa Regierungsgebäude, Botschaften oder Militär- und Polizeikasernen. Der Aufwand, solche Objekte auszuspähen, ist höher als bei weichen Zielen.

Im Vergleich dazu verfügen weiche Ziele über wenig bis keinen Schutz. Der Zugang ist grundsätzlich jedem möglich, da dort entweder gar nicht oder nur sporadisch kontrolliert wird. Zu den weichen Zielen zählen unter anderem Einkaufszentren, Konzertsäle, Bars, Restaurants und Cafés, Märkte, Volksfeste, Menschenmengen sowie grundsätzlich alle öffentlichen Plätze, an denen Menschen in großer Zahl zusammenkommen. Auch der öffentliche Personennahverkehr mit Bussen, U-Bahnen und Zügen stellt ein weiches Ziel für Terroristen dar, ebenso Bahnhöfe und der Außenbereich von Flughäfen vor der ersten Sicherheitsschleuse. Die hohe Zahl weicher Ziele in der westlichen Welt macht es unmöglich, diese umfassend zu schützen.

Bei aller Planung spielt in der Praxis neben den Fähigkeiten, Ressourcen und der Motivation der Terroristen auch die Gelegenheit eine entscheidende Rolle. Terroristen schlagen dort zu, wo sich ein lohnendes Ziel bietet, die Gelegenheit günstig und die Erfolgswahrscheinlichkeit hoch ist. Ebenso muss im gewählten Zielland das notwendige Personal entweder vorhanden sein oder aber problemlos einreisen können. Dieser Aspekt wird häufig unterschätzt, die planerischen Qualitäten von Terroristen werden hingegen in vielen Fällen überschätzt.

Phase 2: Planung und Vorbereitung der Operation

Nach der Auswahl des Ziels oder der Ziele beginnt die zweite Phase des terroristischen Angriffszyklus: die operative Planung des Anschlags. Nun werden die Details des Anschlags festgelegt: Ort, Zeit und Methoden – das Wo, Wann, Wer und Wie der Operation. Um diesbezüglich Entscheidungen treffen zu können, müssen Terroristen eine intensive Aufklärung des ausgewählten Ziels betreiben, Informationen sammeln, die logistische Unterstützung der Operation sicherstellen und gegebenenfalls ein Team aus Attentätern zusammenstellen. Bei dieser Feinplanung des Anschlags stellen sich folgende Aufgaben:

1 / Das Anschlagsziel ist im Detail und umfassend aufzuklären. Diese Phase der Erkundung ist anspruchsvoller als die in Phase 1 zum Zwecke der Zielauswahl vorgenommene Ausspähung, da die Terroristen nun gezielt ausgewählte Aspekte ihres auserkorenen Ziels in Augenschein nehmen: Zugänge müssen geprüft, bestehende Sicherheitsmaßnahmen erforscht und deren Schwachstellen herausgefunden sowie geeignete Fluchtrouten erkundet und sichere Unterkünfte für das anschließende Untertauchen identifiziert und angemietet werden. Diese Art der Aufklärung erfordert, dass sich die Terroristen ihrem Ziel nähern und sich wiederholt und für längere Zeit in dessen Umfeld aufhalten.

2 / Die Finanzierung der Operation ist durchzuführen. Zwar ist die Finanzierung in der Regel bereits vor Beginn der Planung eines Anschlags sichergestellt, zumindest wenn es sich um eine komplexe Operation handelt. Doch in dieser Phase ist nun die Verteilung von Geldern zur Erfüllung der jeweiligen Aufgaben notwendig. Dies hat einen spürbaren Anstieg an finanziellen Transaktionen zur Folge.

3 / Ein Team ist zusammenzustellen – sofern es sich nicht um einen Einzeltäter handelt. Die Attentäter müssen rekrutiert und ausgebildet werden. Abhängig von der gewählten Vorgehensweise und Bewaffnung muss Personal mit entsprechenden Fähigkeiten zum Team gehören: Ist beispielsweise ein komplexer Bombenanschlag geplant oder der Einsatz von Sprengstoffgürteln für Selbstmordattentäter, wird in den meisten Fällen ein Sprengstoffexperte beteiligt sein. In Zeiten, da Anleitungen zum Bombenbau im Internet kursieren, sind jedoch auch Terroristen mit beschränkten Kenntnissen in der Lage, einfache Sprengsätze zu konstruieren. In manchen Fällen ist das Erlernen bestimmter Fähigkeiten notwendig, zum Beispiel nahmen die Attentäter des 11. September monatelang Flugstunden. In einigen Fällen lernen sich die Mitglieder einer Zelle erst unmittelbar vor der gemeinsamen Durchführung eines Anschlags kennen. Diese Maßnahme verringert zum einen die Gefahr einer Aufdeckung durch die Sicherheitsbehörden, zum anderen kann im Falle einer Verhaftung keiner der Terroristen die gesamte Zelle verraten.

4 / Die Kommunikationswege und -regeln innerhalb der Gruppe sind festzulegen. Unter welchen Umständen dürfen Telefone benutzt werden? Welche Nummern sind zu verwenden? Wer kontaktiert wen? Werden Messenger-Dienste benutzt, und wenn ja, welche? Wie läuft die schriftliche Kommunikation ab? Welche Form der Verschlüsselung ist zu wählen? Die Planung eines Anschlags erhöht also zwangsläufig den Grad der Kommunikation unter den Mitgliedern.

5 / Waffen und Sprengstoffe sind zu beschaffen. Abhängig von der gewählten Vorgehensweise gehören beispielsweise Sturmgewehre oder Handfeuerwaffen dazu. Sollen Bomben oder sogenannte USBV (Unkonventionelle Spreng- und Brandvorrichtungen) zum Einsatz kommen, müssen die entsprechenden Bestandteile diskret beschafft werden. Dieser Prozess erstreckt sich typischerweise über einige Wochen, da Waffen, Sprengstoff und Munition in der Regel an unterschiedlichen Orten beschafft werden müssen und notwendige Chemikalien nur in geringer Menge auf einmal gekauft werden können, um keinen Verdacht zu erregen. Zu diesem Schritt gehört auch der Bau von Bomben.

Phase 2 ist beendet, sobald alle Vorbereitungen abgeschlossen sind. Die gesamte Phase kann Monate bis Jahre dauern, ist aber für Terroristen kritisch. Die notwendigen Aktivitäten zwingen sie dazu, sich zu exponieren: Sie müssen handeln und werden dadurch sichtbar. Auf diese Weise bieten sie den Sicherheitsbehörden zahlreiche Hinweise auf ihr geplantes Vorhaben – und damit Ansatzpunkte für eine vorzeitige Aufdeckung des Plots.

Phase 3: Durchführung des Anschlags

Phase 3 beginnt mit den letzten Vorbereitungen: Die Terroristen verlassen ihren Unterschlupf, sammeln die Waffen, Sprengstoffe und sonstigen Materialien ein und formieren sich – häufig erst kurz vor dem Attentat und in unmittelbarer Nähe des Zielortes – zu einem oder mehreren Teams. Dann begeben sich die Attentäter zum Ort des Anschlags. Professionell agierende Terroristen spielen das Szenario des Anschlags dabei immer wieder durch, bis sie jedes Detail verinnerlicht haben, entweder im Kopf, mitunter auch in Testläufen vor Ort.

Für die Terroristen ist dies der *Point of no Return* – von nun gibt es kein Zurück mehr. Haben die Sicherheitsbehörden bis zu diesem Zeitpunkt den oder die Attentäter nicht gestoppt, dann ist es jetzt zu spät. Mit hoher Wahrscheinlichkeit werden die Terroristen ihren Anschlag durchführen können.

Der einzige Weg, die Zahl der Opfer und sonstige Schäden zu verringern, besteht darin, bereits im Voraus geplante Sicherheitsmaßnahmen zu aktivieren. Denn während des Anschlags selbst haben die Terroristen entscheidende Vorteile: Sie haben die Kontrolle über das Geschehen, da sie allein um Zeit, Ort und Vorgehensweise der Operation wissen. Sie bestimmen den Beginn des Anschlags ebenso wie dessen Schwerpunkt. Und sie nutzen das Überraschungsmoment für ihre Zwecke.

Phase 4: Flucht

Sofern es sich nicht um ein Selbstmordattentat handelt oder um Sprengsätze, die per Fernzünder ausgelöst werden können, ist die Vorbereitung der Flucht nach einem Anschlag ein wesentlicher Teil der Planung eines Terroraktes. Potenzielle Ziele werden nicht zuletzt danach ausgesucht, ob sie den Attentätern die Möglichkeit zur Flucht bieten. Ein präzise ausgearbeiteter Fluchtplan einschließlich eines sicheren Unterschlupfs gehört zur professionellen Vorbereitung eines Terroranschlags.

Gerade für kleine terroristische Gruppen entscheidet das Überleben des eigenen Personals mitunter über den eigenen Fortbestand. Denn der Verlust von gut ausgebildetem Personal limitiert die Fähigkeit der Terroristen, auch künftig Anschläge verüben zu können. Eine Verhaftung der Attentäter ermöglicht es den Behörden grundsätzlich, in Verhören wertvolle Informationen zu gewinnen. Eine Schwächung der Gruppe wäre unausweichlich, eine vollständige Zerschlagung möglich.

Die Flucht der Attentäter hat aus Sicht der Terroristen auch deshalb einen hohen Stellenwert, weil ein Anschlag nur so die gewünschte Wirkung entfalten kann. Denn der Schockeffekt des Angriffs würde durch eine Verhaftung schnell gemindert. Das von den Terroristen beabsichtigte Signal – der Staat kann seine Bürger nicht schützen – würde überlagert von der Nachricht, dass die Behörden zumindest teilweise in der Lage sind, die öffentliche Sicherheit zu garantieren. Für die Terroristen wäre diese Nachricht eine propagandistische Niederlage, für die Behörden ein Erfolg, trotz des nicht verhinderten Anschlags.

Gelingt den Terroristen nach einem Anschlag die Flucht, tauchen sie unter und ziehen sich in einen geschützten Raum zurück. Zu einem späteren Zeitpunkt und entsprechend den Plänen der Gruppe wird der terroristische Planungszyklus dann von Neuem beginnen. Zunächst aber folgt die mediale Verwertung des Anschlags.
Bei Selbstmordattentätern entfällt die Flucht, sie wird bei der Planung des Anschlags deshalb nicht eingeplant. Dieser Umstand ermöglicht es Selbstmordattentätern im Vergleich zu herkömmlichen Terroristen, härtere und schwerer zugängliche Ziele mit schlechteren Fluchtmöglichkeiten anzugreifen. Auf diese Weise erschließen sich den Planern eines Anschlags neue Ziele und Möglichkeiten. Hinzu kommt, dass ein auf diese Weise bewaffneter Terrorist bis zum Eintreffen der Sicherheitskräfte weiter töten und damit die Opferzahl maximieren kann. Dies gilt beispielsweise für Terroristen, die sowohl mit Sturmgewehren als auch mit Sprengstoffgürteln bewaffnet sind. Ein Beispiel hierfür war der Anschlag im Konzertsaal Bataclan in Paris am 13. November 2015. Damals erschossen die Attentäter an einem Abend so viele Menschen wie möglich, um sich anschließend in die Luft zu sprengen. Hierin liegt die große Gefahr von Selbstmordanschlägen, die letztlich den Massenmord zum Ziel haben und insofern noch verheerender in ihrer Wirkung sind als die Operationen konventionell agierender Terroristen. Grundsätzlich gilt, dass bei bewaffneten Angriffen der Wille zur Umsetzung des oder der Täter ein entscheidender Faktor für das Gelingen der Operation ist.
Bei Anschlägen in Europa werden Selbstmordattentäter gegenwärtig von den Dschihadisten des Islamischen Staa-

tes und al-Qaida eingesetzt.[2] Im Unterschied zu den Terroristen vergangener Jahrzehnte, wie etwa der linksextremen RAF in Deutschland, können die Dschihadisten zumindest in Frankreich und Belgien auf einen großen Pool an Freiwilligen für derartige Einsätze zurückgreifen. In Deutschland ist dies bislang nicht der Fall. Reine Selbstmordattentäter sind Fußsoldaten, die keinerlei Bedeutung für den Fortbestand der Organisation haben und somit entbehrlich sind. Sie können mühelos durch neue Rekruten ersetzt werden. In der Praxis werden viele Selbstmordattentäter von Führungspersonen bis zum Ort des Anschlags begleitet. Diese lösen mitunter auch die Explosion per Fernzünder aus, damit etwaige Zweifel der Attentäter im letzten Moment nicht die Operation gefährden.

Phase 5: Mediale Verwertung des Anschlags

Da sich der Erfolg eines Anschlags aus Sicht der Terroristen vorrangig an seiner medialen Verbreitung bemisst, ist die Planung der medialen Verwertung von entscheidender Bedeutung (siehe Kapitel 1).
Das Internet hat die Art und Weise, wie Terroristen ihre Anschläge aufbereiten, dramatisch verändert. Nie zuvor in der Geschichte war die Verbreitung der eigenen Botschaft so einfach. Via Social Media haben Terrorzellen sofortigen und direkten Zugang zur Weltöffentlichkeit. Sie unterlaufen so die durch die Massenmedien betriebene Vorauswahl von Bildern. Die brutalsten Bilder von einem Anschlag finden dadurch sofort und ohne Umwege ihren

Weg in die Köpfe des Publikums. Die insbesondere im Westen nahezu flächendeckende Verbreitung von Smartphones hat für die Terroristen zudem den Vorteil, dass immer mehr Menschen die Anschläge live filmen, fotografieren oder kommentieren und damit schnell eine Welle der Hysterie in den sozialen Netzwerken auslösen können.

Die Phase der medialen Verwertung eines Terroraktes kann sich über Tage, Wochen oder gar Monate hinziehen. Mitunter bleiben die Bilder Jahre oder Jahrzehnte in den Köpfen – wie im Falle des 11. September. Bei Anschlägen mit einem derartigen Effekt ist die mediale Verwertung niemals richtig abgeschlossen, die Anschläge und ihre Aufarbeitung sind ein Teil der Zeitgeschichte.

Vier Arten von Anschlägen

Es gibt grundsätzlich vier Arten von Anschlägen, die von Terroristen bevorzugt genutzt werden, zum Teil auch in Kombination. Dies sind Sprengstoffanschläge, bewaffnete Angriffe, Brandanschläge sowie Entführungen und Geiselnahmen.

Sprengstoffanschläge

Anschläge mit Bomben oder USBV sind eine der am häufigsten vorkommenden Formen von Terroranschlägen. Die Gründe hierfür sind:

- Die Herstellung kostet nicht viel. Al-Qaida auf der Arabischen Halbinsel (AQAP) beispielsweise verschickte im Oktober 2012 zwei mit dem Sprengstoff PETN befüllte Drucker aus dem Jemen in die USA. Die von UPS und FedEx transportierten Pakete passierten zwei Sicherheitsschleusen, bevor sie nach einem nachrichtendienstlichen Hinweis von den Behörden entdeckt und aus dem Verkehr gezogen wurden. Eines der Pakete war am Flughafen Köln/Bonn umgeladen worden. Die gesamte Operation kostete AQAP nach eigener Aussage lediglich 4200 US-Dollar.[3]

- Einfache Sprengsätze sind auch von Terroristen mit begrenzten handwerklichen Kenntnissen herzustellen.
- Sprengsätze können große Zerstörung anrichten. Um die zerstörerische Wirkung zu erhöhen, werden den Sprengsätzen meist sogenannte Treibmittel wie beispielsweise Nägel oder Metallkugeln beigemischt.
- Für Terroristen sind Sprengstoffanschläge mit vergleichsweise wenig Risiko verbunden, vor allem wenn Fernzünder eingesetzt werden, wie beispielsweise im Falle von Autobomben.

Insbesondere für kleine terroristische Gruppen ist diese Anschlagsvariante ein günstiger und wirkungsvoller Weg, um einen starken Gegner wie einen Staat effektvoll anzugreifen. Die Planung eines Bombenanschlags erfordert jedoch ein hohes Maß an vorheriger Aufklärung sowie Präzision bei der Platzierung und Zündung des Sprengsatzes.

Bei der Planung und Durchführung von Bombenanschlägen beweisen Terroristen immer wieder einen perfiden Einfallsreichtum. Weihnachten 2009 versuchte ein Attentäter von al-Qaida auf der Arabischen Halbinsel, ein Passagierflugzeug während des Landeanflugs auf Detroit zum

Absturz zu bringen. Er konnte jedoch von wachsamen Mitreisenden an der Auslösung der Bombe gehindert werden. Die Bombe war in der Unterwäsche des Attentäters versteckt.

Generell gilt, dass der internationale Luftverkehr ein attraktives Ziel für Terroristen bleibt. Auch wenn die Sicherheitsvorkehrungen seit dem 11. September massiv zugenommen haben und die Möglichkeiten zur Platzierung von Bomben dadurch deutlich eingeschränkt wurden, gelingt es Terroristen immer wieder, Flugzeuge mit Sprengsätzen zum Absturz zu bringen. So explodierte am 31. Oktober 2015 ein russisches Passagierflugzeug über der ägyptischen Sinai-Halbinsel. Alle 224 Passagiere und Crew-Mitglieder an Bord wurden dabei getötet. Die IS-Filiale »Provinz Sinai« reklamierte den Anschlag für sich und gab kurz nach dem Absturz an, eine Bombe an Bord des Metrojet-Flugs 9268 geschmuggelt zu haben. Die Täterschaft der Gruppe ist zwar bislang nicht eindeutig erwiesen, auch existieren Zweifel, ob tatsächlich eine Bombe die Ursache für den Absturz gewesen ist. Dennoch gibt es zahlreiche Indizien, die eine Täterschaft des IS wahrscheinlich machen.[4]

Bewaffnete Angriffe

Wann immer Terroristen Anschläge mit dem Einsatz von Waffen verüben, spricht man von bewaffneten Angriffen (englisch *armed attacks* beziehungsweise *armed assaults*). Grundsätzlich gibt es zwei Varianten dieser Art des Anschlags: Angriffe und Hinterhalte.

Angriffe können in vielerlei Gestalt und mit unterschiedlichen Motivationen erfolgen. Terroristen überfallen Banken zur Finanzierung ihrer Aktivitäten. Sie greifen Regierungseinrichtungen an, um zu demonstrieren, dass die angegriffene Regierung nicht in der Lage ist, die öffentliche Ordnung aufrechtzuerhalten. Und sie nutzen Angriffe zur gezielten Ermordung von Menschen. Ein aktuelles Beispiel dafür ist der Anschlag auf die Redaktion des französischen Satiremagazins *Charlie Hebdo* in Paris am 7. Januar 2015. Damals erschossen zwei Terroristen während einer Redaktionskonferenz beinahe das gesamte Team. Al-Qaida auf der Arabischen Halbinsel beanspruchte den Anschlag für sich.

Legen Terroristen stattdessen einen Hinterhalt, dann lauern sie ihren Zielpersonen auf, entweder um diese zu töten oder um sie zu entführen. Eine Entführung dient als politisches Druckmittel oder dazu, Lösegeld zu erpressen. Solche Operationen sind in der Regel von langer Hand geplant und gelingen häufig. Andere Personen kommen dabei nur selten zu Schaden, lediglich die Zielpersonen und ihre Begleiter sind betroffen. Ziel eines Hinterhalts sind vor allem hochrangige Funktionsträger aus Politik, Justiz oder Wirtschaft. Im Bereich des Linksterrorismus ist die Entführung von Arbeitgeberpräsident Hanns Martin Schleyer 1977 durch die RAF ein anschauliches Beispiel für einen solchermaßen präzise geplanten und durchgeführten Hinterhalt.

Als Waffen kommen bei Angriffen und Hinterhalten vor allem Handfeuerwaffen wie Pistolen oder Sturmgewehre zum Einsatz. Terroristen, die mit Handfeuerwaffen möglichst viele Menschen zu töten versuchen, werden in Ermangelung eines präzisen deutschen Begriffs als *Active Shooters* bezeichnet. Dabei kann es sich um einen Einzeltäter handeln, aber auch um mehrere Täter oder gar um sogenannte *Hit Teams*: mehrere Gruppen von Terroristen, die parallel und unabhängig voneinander an unterschiedlichen Zielen angreifen. Die Attentäter, die im November 2015 in Paris an mehreren Orten zugleich zuschlugen, fallen in diese Kategorie der Massenmörder.

Die Taktik des bewaffneten Angriffs bietet sich beispielsweise für Terroristen ohne Kenntnisse im Bombenbau an. Es ist leichter, Feuerwaffen zu bedienen, als Sprengstoff herzustellen. Erfahrung in der Bedienung von Schusswaffen und taktische Kenntnisse sind indes Voraussetzung, um den Anschlag möglichst in die Länge ziehen und damit die angestrebte Aufmerksamkeit erreichen zu können. Ein solcher Angriff endet für gewöhnlich in einer finalen Auseinandersetzung mit den Spezialkräften von Polizei oder Militär. Die Terroristen sind bei dieser Taktik meist zum Freitod bereit, die Flucht ist nicht in allen Fällen eingeplant.

Grundsätzlich kann jede Waffe bei einem solchen bewaffneten Angriff eingesetzt werden, wenn sie ihren Zweck erfüllt. Für Terroristen ohne Zugang zu Feuerwaffen bieten sich Messer und Macheten an. Der Angriff einer 15 Jahre alten Schülerin auf einen Bundespolizisten im Mai 2016 in Hannover ist ein Beispiel für die terroristische Nutzung von Hieb- und Stichwaffen, ebenso der Fall von Larossi Abballa in Magnanville im Juni 2016 (siehe Kapitel 1). Bereits im Mai 2013 ermordeten zwei zum Islam konvertierte Briten nigerianischer Abstammung den britischen Soldaten Lee Rigby auf offener Straße in London. Sie hatten versucht, Rigby mit ihren Messern den Kopf abzutrennen.

In den Händen eines entsprechend motivierten Terroristen lassen sich zahlreiche Alltagsgegenstände zu einer tödlichen Waffe umfunktionieren. Ein besonders erschütterndes Beispiel dafür ist der Anschlag in Nizza am 14. Juli 2016, als der Attentäter mit einem Lkw über eine belebte Promenade raste und auf diese Weise 86 Menschen tötete.

Brandanschläge

Brandanschläge richten sich vorwiegend gegen Infrastruktur, Gebäude oder Fahrzeuge. Das Ziel besteht darin, einen möglichst großen materiellen Schaden zu bewirken; der Tod von Menschen wird dabei billigend in Kauf genommen, wenn nicht angestrebt.

Der Einsatz von Brandbomben ist insbesondere für Terroristen mit nur wenig Routine, Ausbildung und Ressourcen eine erfolgreiche Taktik. Die Attraktivität dieser Variante liegt in ihrer Einfachheit. Sie ist ein Weg für Terroristen, um erste Erfahrungen zu sammeln und erste Erfolge zu erzielen, die ihnen den notwendigen Mut für größere und komplexere Operationen verleihen.

Eine Brandbombe ist zum einen leicht herzustellen. Die bekannteste Variante eines Brandsatzes, der sogenannte Molotow-Cocktail, besteht zum Beispiel nur aus einer Flasche, Benzin und einem Stück Stoff als Zündschnur. Außer Streichhölzern oder einem Feuerzeug sind keine weiteren Bestandteile notwendig. Zum anderen können Terroristen mit einer Brandbombe ihr Ziel präzise auswählen und angreifen. Das Risiko ist dabei gering, da ausreichend Zeit zur Flucht bleibt. Zugleich bietet ein solcher Anschlag das Potenzial für große Schäden, was wiederum die angestrebte Aufmerksamkeit der Öffentlichkeit sichert.

In Deutschland wird diese Taktik vor allem von Extremisten des linken wie rechten Spektrums genutzt, aber auch von radikalen Umweltaktivisten. Der Brandanschlag auf eine türkische Familie in Solingen 1993 fällt in die Kategorie des Rechtsterrorismus ebenso wie Brandanschläge auf Asylbewerberheime und Flüchtlingsunterkünfte wie zum Beispiel in Clausnitz und Bautzen im März 2016 oder in Berlin im August 2016. Bereits mehrfach hat es in Europa auch Brandanschläge auf Moscheen gegeben: in Deutschland und Großbritannien, vor allem aber in Frankreich.

Entführungen und Geiselnahmen
Entführungen sind aufgrund ihrer Komplexität und Schwierigkeit so etwas wie die »Königsdisziplin« des Terrorismus.
Während der gesamten Operation, die sich mitunter über Wochen und Monate erstrecken kann, müssen die Terroristen ihre eigene Sicherheit wahren. Dies umfasst neben der gesamten Vorbereitung und Erkundung den Akt der Entführung selber sowie die von den Terroristen erzwungenen Verhandlungen mit den Behörden und auch die anschließende Flucht. Die Herausforderung für die Terroristen besteht darin, Forderungen durchzusetzen, ohne dabei den eigenen Aufenthaltsort oder den der Geisel zu verraten. Die Phase der Verhandlungen darf nicht zur Verhaftung der Terroristen führen.
Den mit Entführungen verbundenen großen Risiken stehen zahlreiche Vorteile gegenüber, die diese Risiken in vielen Fällen relativieren. Dazu gehören hohe Lösegelder, mediale Aufmerksamkeit über lange Zeiträume hinweg und die Möglichkeit, politische Forderungen zu stellen, wie

zum Beispiel die Forderung nach Freilassung inhaftierter Terroristen oder nach bestimmten politischen Maßnahmen. Entführungen sind dazu geeignet, Regierungen massiv unter Druck zu setzen.

Mit der Entführung von Hanns Martin Schleyer, dem damaligen Arbeitgeberpräsidenten, durch die linksterroristische Rote Armee Fraktion (RAF) im September 1977 zum Beispiel sollte die Freilassung der ersten Generation von RAF-Terroristen aus deutschen Gefängnissen erpresst werden. Die Bundesregierung weigerte sich. Die sich anschließende Entführung des Passagierflugzeugs *Landshut* und die folgende Erstürmung des Flugzeugs durch Spezialkräfte der GSG 9 in Mogadischu zogen den Selbstmord der ersten RAF-Generation im Gefängnis nach sich. Schleyer wurde im Oktober 1977 von seinen Entführern ermordet.

Geiselnahmen sind eine Sonderform von Entführungen und erfordern in der Regel neben der Geiselnahme mehrerer Personen auch die Besetzung eines Gebäudes, in dem sich die Terroristen dann mit ihren Geiseln verschanzen. Anders als Entführungen sind Geiselnahmen auf eine direkte Konfrontation mit einer Regierung und ihren Sicherheitsbehörden angelegt. Geiselnahmen sind als öffentliches Ereignis inszeniert und entwickeln sich meist zu einem Medienspektakel. Die Terroristen sind dabei zum Tod bereit, eine Flucht ist in vielen Fällen nicht vorgesehen.

So geschehen in Moskau, als am 23. Oktober 2002 bis zu 50 Terroristen einer tschetschenischen Separatistenbewegung das Dubrowka-Theater erstürmten und 850 Menschen als Geiseln nahmen. Sie verlangten den Rückzug russischer Truppen aus Tschetschenien. Die russische Regierung ging nicht auf die Forderungen ein, sondern ließ das Theater stürmen. 129 Geiseln starben, ebenso alle Terroristen.

Eine weitere Variante von Entführungen sind sogenannte *Hijackings*, die gewaltsame Inbesitznahme von Fahrzeugen und ihren Passagieren, sowie die *Skyjackings* genannten Flugzeugentführungen. Letztere waren bis in die 1980er-Jahre eine besonders bei palästinensischen Terroristen beliebte Taktik. *Skyjacking* ermöglicht den Geiselnehmern, sich über Landesgrenzen hinweg zu bewegen, sodass sie Verhandlungen von einem Land aus führen können, das ihrer Sache zugetan ist. Dies wiederum minimiert das Risiko einer Erstürmung des Flugzeugs durch Spezialkräfte des angegriffenen Landes oder schließt dies ganz aus. *Skyjackings* haben spätestens seit den ikonischen Angriffen des 11. September stark an Attraktivität für Terroristen verloren; aufgrund der in Folge weltweit massiv gestiegenen Sicherheitsvorkehrungen gelten die »Erfolgschancen« als gering.

Von den zahlreichen Varianten der Entführung durch Terroristen ist gegenwärtig vor allem eine relevant: die der Entführung durch Dschihadisten mit dem Zwecke der Erpressung von Lösegeld (englisch *kidnapping for ransom and extortion*). Als Täter kommen insbesondere mit dem Islamischen Staat und al-Qaida verbundene Terroristen infrage.

Dabei ist die Wahrscheinlichkeit für eine solche Entführung in Westeuropa und Nordamerika gegenwärtig sehr gering. Das hat zwei Gründe: Zum einen geht es den

Dschihadisten in Europa und in Nordamerika vorrangig darum, Menschen zu töten – je mehr, desto besser. Diese sind Bürger der von den Dschihadisten angegriffenen Gesellschaften und repräsentieren damit deren Werte. Zum anderen fehlen den Dschihadisten in Europa die für eine erfolgreiche Entführung notwendigen Rückzugsräume und die Infrastruktur an Helfern. In Europa könnten Dschihadisten eine Entführung mit hoher Wahrscheinlichkeit deshalb nicht erfolgreich umsetzen. Das Risiko, Opfer einer Entführung zu werden, besteht daher gegenwärtig besonders im Ausland, sei es als Tourist, Geschäftsreisender oder als sogenannter Expat, der aus beruflichen Gründen für eine längere Zeit im Ausland lebt.

In Ländern, in denen die Dschihadisten Territorium kontrollieren, verfügen sie über entsprechende Möglichkeiten. Dies ist gegenwärtig beispielsweise im Irak, in Syrien und im Jemen der Fall. Aber auch Libyen, die Sahelzone mit dem Schwerpunkt Mali, Malaysia und die Philippinen zählen zu den Hotspots für Entführungen.

In der Sahelzone haben insbesondere al-Qaida im Islamischen Maghreb (AQIM), der regionale Ableger von al-Qaida, und mit ihm verbundene Gruppen durch Entführungen auf sich aufmerksam gemacht. Das erste Kidnapping ereignete sich 2003, als der AQIM-Vorläufer »Salafistische Gruppe für Predigt und Kampf« (französisch *Groupe Salafiste pour la Prédication et le Combat*, GSPC) insgesamt 32 Touristen aus Deutschland, Österreich, der Schweiz und den Niederlanden in der Sahara im Süden Algeriens entführte. Eine Deutsche starb in Gefangenschaft an Hitzschlag, die übrigen wurden später gegen Zahlung von Lösegeld wieder freigelassen.

Seither hat AQIM mehr als 60 Ausländer entführt und dabei Schätzungen zufolge rund 90 Millionen US-Dollar an Lösegeldern eingestrichen. Pro freigelassenem Ausländer erhielt die Organisation im Jahre 2011 im Durchschnitt 5,4 Millionen US-Dollar. Auf diese Weise entstand zeitweilig der Eindruck, AQIM habe sich von einer terroristischen hin zu einer kriminellen Gruppe entwickelt. Eine solche öffentliche Wahrnehmung kann die Glaubwürdigkeit des politischen Anliegens von Terroristen massiv schädigen. Im Falle von AQIM stellte sich dieser Eindruck als falsch heraus; die Gruppe bewies seit 2015 mit spektakulären Anschlägen in der Sahelzone deutlich, dass sie nach wie vor eine terroristische Agenda verfolgt.

In Südostasien operieren die Dschihadisten von Abu Sayyaf (Abu-Sayyaf-Gruppe, ASG) auf den Philippinen und bis ins angrenzende Malaysia hinein. Die Gruppe hat eine lange Tradition im Hinblick auf Entführungen. Im April 2000 entführte sie 22 Touristen und verschleppte sie auf die Philippinen-Insel Jolo, darunter die Familie Wallert aus Göttingen. Alle drei Familienangehörigen kamen nach und nach frei, zuletzt der Sohn nach mehr als vier Monaten Gefangenschaft. Im September 2014 entführte die ASG an der Grenze zu Malaysia zwei Deutsche und drohte damit, sie zu töten, sollte Deutschland weiterhin die USA im Kampf gegen den Islamischen Staat unterstützen. Beide Geiseln wurden im Oktober 2014 freigelassen, wahrscheinlich nach Zahlung eines Lösegelds. Im April 2016 schließlich enthaupteten Dschihadisten von Abu Sayyaf eine kanadische Geisel, nachdem die Frist zur Zahlung eines Lösegelds verstrichen war. Mindestens 18 Geiseln waren zu diesem Zeitpunkt noch in der Hand der Terroristen.

KAPITEL 3
DIE BEDROHUNGSLAGE IN EUROPA

Seit Frühjahr 2014 hat die Bedrohung der inneren Sicherheit Europas durch den Terrorismus zugenommen, insbesondere die Bedrohung durch den Dschihadismus. Diese Entwicklung ist auf den Aufstieg des Islamischen Staates zurückzuführen, von dem gegenwärtig eine besondere Gefahr ausgeht. Bei fast allen Anschlägen in Europa seit Beginn 2015 gibt es Verbindungen zum IS. Doch auch mit al-Qaida verbundene Gruppen und Einzeltäter stellen unverändert eine Bedrohung dar.

Die Zahl der von Dschihadisten in Europa verübten Terroranschläge ist 2015 auf insgesamt 17 gestiegen, gegenüber nur vier Anschlägen im Vorjahr.[5] Innerhalb der EU wurden dabei 150 Menschen getötet. Für 2016 liegen noch keine entsprechenden Zahlen vor, doch zeichnet sich ein Trend ab: Bis Anfang August hat es bereits mehr Tote durch Terrorismus gegeben als im Vergleichszeitraum des Vorjahres. Damit entspricht die Entwicklung in Europa dem weltweiten Trend, dass die Zahl der Todesfälle durch Terrorismus seit einigen Jahren signifikant gestiegen ist.

Diese wachsende Bedrohung durch den dschihadistischen Terrorismus seit 2014 schlägt sich auch in der Statistik nieder. Erhebungen der Global Terrorism Database[6] der Universität Maryland/USA zufolge ist 2014 bislang das Jahr mit den meisten Todesfällen durch Terrorismus seit 1970 (bis dahin reichen die Daten zurück). Demnach gab es 2014 mehr als 16 800 Terroranschläge weltweit, so viele wie nie zuvor. Gegenüber 2013 bedeutet dies eine Steigerung um 80 Prozent. 43 500 Menschen fielen den Anschlägen im Jahre 2014 zum Opfer, die große Mehrheit davon Muslime.[7] Im Jahre 2015 ging die Zahl der Anschläge und Opfer im Vergleich mit 2014 etwas zurück, vor allem, weil es weniger Anschläge im Irak, in Pakistan und Nigeria gab.

Die Gefahr durch den Terror in Europa hat ihre Ursachen heute, anders als in den letzten Jahrzehnten, vor allem außerhalb des Kontinents, nämlich im Nahen Osten, in Nordafrika sowie in Pakistan und Afghanistan. Der Zusammenbruch ganzer Staaten wie in Syrien und Libyen, die daraus resultierende politische Instabilität sowie ein sich in vielen Regionen ausdehnendes Machtvakuum geben den Dschihadisten Aufwind. Am deutlichsten manifestiert sich diese Entwicklung in dem Vormarsch des Islamischen Staates im Irak und in Syrien, der nach der Eroberung eines Territoriums etwa von der Größe Großbritanniens am 29. Juni 2014 schließlich in der Ausrufung eines Kalifats mündete. Der Fokus des IS lag anfangs auf Expansion und der militärischen Eroberung von Territorium. Doch mehren sich die Hinweise, dass die Terrororganisation bereits seit 2014 auch Europa ins Visier genommen hat. Der wachsende militärische Druck auf den IS führt dazu, dass die Terrororganisation wieder verstärkt zu terroristischen Methoden greift, um den von ihr angestrebten Eindruck von Stärke und Expansion aufrechtzuerhalten.

Terrorziel Frankreich

In Europa ist Frankreich bisher das Hauptziel von Terroranschlägen der Dschihadisten. Dafür gibt es mehrere Gründe: Neben der Beteiligung Frankreichs an der internationalen Militärkoalition zur Bekämpfung des IS ist ein wesentlicher Grund sicherlich die hohe Zahl der Freiwilligen aus Frankreich, die sich dem IS im Irak und in Syrien angeschlossen haben. Bereits im Oktober 2015 belief sich deren Zahl nach Angaben der französischen Regierung auf mehr als 1500 Personen.[8] Seither hat sich die Zahl der Auslandskämpfer weiter erhöht. Die meisten Dschihadisten aus Europa, die sich dem IS angeschlossen haben, stammen somit aus Frankreich. Dieser große Pool an potenziellen Terroristen, gut ausgebildet und motiviert, versetzt den IS in die Lage, Anschläge in Frankreich zu planen und mit Erfolg durchzuführen.

Allein der Terroranschlag in Paris im November 2015 tötete 130 Menschen und verletzte 350 weitere. Es war der Anschlag mit der höchsten Zahl an Todesopfern seit den Anschlägen in London 2005 und den Zuganschlägen von Madrid 2004. Weitere Anschläge folgten, darunter jene in Nizza, Saint-Étienne-du-Rouvray und Magnanville. Besonders grausam war der Anschlag von Nizza am 14. Juli 2016, dem französischen Nationalfeiertag. An diesem Tag tötete der Attentäter Mohamed Lahouaiej Bouhlel, ein Franzose tunesischer Abstammung, 84 Menschen. Mit einem schweren Lastwagen raste er auf einem belebten Boulevard durch Hunderte von Menschen. Nicht einmal zwei Wochen später, am 26. Juli 2016, schnitten zwei Attentäter einem Priester in der nordfranzösischen Stadt Saint-Étienne-du-Rouvray während einer Messe in der Kirche die Kehle durch und verletzten einen weiteren Mann schwer. Als sie mit drei Geiseln die Kirche verlassen wollten, wurden sie von der Polizei erschossen.

Nach Frankreich ist auch Belgien ein attraktives Ziel für die Dschihadisten, wie der Anschlag auf den Flughafen und die Metro von Brüssel im März 2016 zeigt. Ebenso bleibt Großbritannien ein potenzielles Anschlagsziel für die Gewalttäter, genauso wie Deutschland. Das Bundesamt für Verfassungsschutz (BfV), der deutsche Inlandsnachrichtendienst, sieht Europa folgerichtig als »gemeinsamen Gefahrenraum« und spricht im Verfassungsschutzbericht 2015, vorgestellt im Juni 2016, angesichts der zunehmenden Zahl von Terroranschlägen in Europa von einer »neuen Dimension des Terrors«.

Die Lage in Deutschland

Zum ersten Terroranschlag eines Dschihadisten auf deutschem Boden kam es im März 2011, als der Kosovare Arid Uka am Flughafen von Frankfurt am Main zwei US-Soldaten erschoss und zwei weitere schwer verletzte. Seither ist Deutschland von Anschlägen weitgehend verschont geblieben, zumindest im Vergleich mit einigen seiner Nachbarländer.

Dass es bis heute zu keinem größeren Terroranschlag mit ähnlich hohen Opferzahlen wie beispielsweise in Paris gekommen ist, hat vor allem zwei Gründe. Da ist zunächst der Umstand, dass Deutschland bisher weniger im Fadenkreuz der Dschihadisten stand als Frankreich. Verantwortlich dafür ist zum einen die mit gegenwärtig etwa 800 Personen deutlich geringere Zahl an Auslandskämpfern, zum anderen beschränkt sich Deutschlands Beteiligung an der Militärkoalition gegen den IS bislang auf logistische Unterstützung.

Sodann ist die Stümperhaftigkeit der Täter zu nennen. Es waren allein handwerkliche Fehler, die im Juli 2006 eine

Katastrophe verhinderten. Damals hatten die beiden sogenannten Kofferbomber von Köln Bomben in zwei Regionalzügen versteckt. Der offiziellen Version des Bundeskriminalamtes zufolge explodierten die Sprengsätze nicht, weil entweder ein Explosivstoff oder Sauerstoff zur Zündung fehlte. Anlass für die Tat war nach Angaben eines der Täter der Zorn darüber, dass westliche Medien Karikaturen des Propheten Mohammed verbreitet hatten.

Ebenso war ein Konstruktionsfehler der Grund, warum ein im Dezember 2012 in einer Reisetasche auf dem Bonner Hauptbahnhof abgestellter Sprengsatz nicht explodierte. Im März 2014 wurde gegen einen der Bonner Salafisten-Szene zuzurechnenden deutschen Konvertiten sowie drei Komplizen Anklage erhoben, wegen der Mitgliedschaft in einer terroristischen Vereinigung, des versuchten Mordes und des Versuchs, eine Sprengstoffexplosion herbeizuführen.

Die ersten Anzeichen für die wachsende terroristische Bedrohung durch den IS in Deutschland waren die Absage des Braunschweiger Schoduvels, des lokalen Karnevals, im Februar 2015 und die Absage eines Fußball-Länderspiels in Hannover im November 2015, beide sehr kurzfristig und auf Grundlage nachrichtendienstlicher Hinweise auf geplante Anschläge.[9]

Einige Monate später verübten Einzeltäter und Kleinstgruppen erste Anschläge in Deutschland, häufig mit Bezügen zum IS. Es begann im Februar 2016, als eine 15-jährige Deutsch-Marokkanerin während einer Personenkontrolle am Hauptbahnhof von Hannover einen Bundespolizisten mit einem Messer in den Hals stach und ihn schwer verletzte. Die Behörden gaben später bekannt, dass sie in persönlichen Chats zuvor angekündigt hatte, eine solche Tat für den IS verüben zu wollen.

Zwei Monate später, im April 2016, zündeten zwei Jugendliche zwischen 16 und 17 Jahren einen selbst gebauten Sprengsatz in einem Gebetshaus von Anhängern der Sikh-Religion in Essen. Drei Menschen wurden verletzt, einer von ihnen schwer. Das Haus wurde stark beschädigt. In den Augen der Ermittler deuten die Indizien darauf hin, dass beide Täter IS-Sympathisanten sind. Beide wurden fünf Tage nach der Tat festgenommen.

Wie sehr sich die Bedrohungslage auch in Deutschland verändert hatte, drang jedoch erst im Juli 2016 durch zwei dicht aufeinanderfolgende Anschläge ins öffentliche Bewusstsein. Den Auftakt machte der Axt-Angriff eines 17 Jahre alten, wohl aus Afghanistan stammenden Flüchtlings am 18. Juli 2016 in einem Regionalzug bei Würzburg; fünf Touristen aus Hongkong wurden dabei verletzt. Der Täter wurde kurz danach von Spezialkräften der Polizei erschossen. Er hatte vor der Tat Kontakt zu IS-Personal und diesem ein Video zukommen lassen, in dem er sich zum IS bekannte.

Am 24. Juli 2016 sprengte sich ein 27 Jahre alter Flüchtling aus Syrien im bayerischen Ansbach in die Luft. Dabei tötete er sich selbst und verletzte 13 weitere Personen. Bislang ist unklar, ob der Täter dies tatsächlich so beabsichtigt hatte. Sollte dies der Fall sein, dann wäre es der erste Selbstmordanschlag in Deutschland. Auch der Attentäter von Ansbach hatte seinen Kontaktpersonen beim IS vor der Tat ein Bekennervideo geschickt.

Die Taten vom Juli 2016 eint dreierlei. Zum einen, auch hier, die stümperhafte Ausführung. Zum anderen deutet vieles darauf hin, dass die beiden Attentäter psychisch instabile Personen waren, die Motive für die jeweilige Tat sind verworren. Und schließlich der Bezug zum IS. Die Videobotschaften beider Attentäter wurden im Anschluss an die Taten von der IS-nahen Medienstelle Amaq veröffentlicht.

Trotz des einigermaßen glimpflichen Ausgangs muss man die Anschläge in Deutschland als Warnung auffassen. Denn sie machen deutlich, dass es dem IS gelungen ist, in Europa einen Pool an psychisch instabilen Personen anzuzapfen und mittels Propaganda zu Anschlägen zu motivieren. Diese Personen haben von ihrer psychischen Disposition her mehr mit Amokläufern gemein als mit den kühl kalkulierenden Terroristen vergangener Jahrzehnte. Die Symbiose aus Amok und Terrorismus ist nicht neu, sie gibt bei einer Häufung von entsprechenden Vorfällen aber Anlass zur Sorge. Denn das Ergebnis ist eine Art Win-win-Situation für beide Seiten: Der IS kann die von diesen Tätern verübten Anschläge für sich beanspruchen, und die Täter können ihren Taten einen höheren Sinn verleihen. Damit verschwimmen die Grenzen zwischen den beiden Phänomenen.

Besorgniserregend ist ferner, dass sich nun auch in Deutschland eine Strategie des IS abzeichnet – analog zu dem Muster, das bereits in Frankreich und Belgien vor den großen Anschlägen zu erkennen war.

Ziele und Strategie des IS

Die Bedrohung der inneren Sicherheit Europas und Deutschlands wird in den kommenden Jahren nicht abnehmen. Vielmehr gibt es Hinweise, wonach der IS auch Deutschland als Ziel für Terroranschläge ins Visier genommen hat. Denn der IS folgt einer Strategie, hat bereits zu Anschlägen in Deutschland aufgerufen und verfügt über das erforderliche Personal und die nötigen Strukturen. So berichteten zwei nach Deutschland zurückgekehrte Auslandskämpfer gegenüber den Behörden übereinstimmend, dass der IS beide nach Deutschland habe zurückschicken wollen, um hier Anschläge zu begehen. Die Bedrohung erreicht somit eine neue Dimension, sowohl in quantitativer als auch in qualitativer Hinsicht.

Wie bereits erwähnt, geht das Ziel, das der IS mit seinen Anschlägen in Europa verfolgt, weit über den unmittelbaren Terror hinaus – es geht ihm darum, die Gesellschaften zu destabilisieren und schließlich zu zerstören. Dazu versucht der IS, die in jeder Gesellschaft bestehenden Spannungen und Bruchlinien als Hebel zu nutzen. Brutale Terroranschläge wie in Paris sollen den sozialen Kitt auflösen, der jede Gesellschaft zusammenhält. Das erklärte Ziel des IS ist die »Auflösung der Grauzone«, der friedlichen Koexistenz zwischen Muslimen und Nicht-Muslimen. Der IS will den Krieg der Religionen, den Krieg der Zivilisationen, den Bürgerkrieg in Europa. Denn in der Ideologie des IS teilt sich die Welt in nur zwei Lager: das der Muslime (jener, die dem IS angehören) und das der Ungläubigen. Es gibt nur gut oder böse, falsch oder richtig, schwarz oder weiß, Freund oder Feind. Am Ende, so die apokalyptische Vorstellung, steht die finale Schlacht zwischen den Muslimen und den Ungläubigen, in welcher die Muslime den Sieg davontragen werden. Diese Schlacht soll nahe dem Ort Dabiq im Norden Syriens stattfinden – heute ein gottverlassenes Nest im Nirgendwo. Auch das Propagandamagazin des IS trägt den Namen Dabiq; in der siebten Ausgabe des Magazins hat der IS diese Strategie ausführlich beschrieben.

Die Umsetzung der Strategie lässt sich konkret anhand der Beispiele von Frankreich und Belgien nachvollziehen. In einem ersten Schritt geht es zunächst darum, die Sicherheitsbehörden durch kleinere Anschläge zu beschäftigen. Dies lenkt von den Planungen und Vorbereitungen für größere Anschläge ab. Ein weiterer Schachzug ist, dass der IS Franzosen und Belgier nach einem kurzen Aufenthalt in Syrien zurück in ihre Heimatländer schickt, um dort zuzuschlagen. Ein Beispiel hierfür ist Ayoub El-Khazzani, der im August 2015 in dem Thalys-Schnellzug von Brüssel nach Amsterdam mit einem Sturmgewehr um sich schoss (mehr dazu in Kapitel 4).

Parallel gelingt es dem IS mittels seiner Propaganda, Sympathisanten in Europa zur Durchführung von Anschlägen auf eigene Faust zu motivieren. Dazu haben seine Sprecher wiederholt aufgerufen. In diese Kategorie könnte zum Beispiel der Lkw-Attentäter von Nizza im Juli 2016 fallen.

Die Behörden in Frankreich und Belgien vertraten Anfang 2015 noch die These von Einzeltätern, den sogenannten »einsamen Wölfen«, und hielten die Bedeutung des IS für gering. Dessen tatsächliche Rolle als Planer der Terrorakte erkannten Politik und Öffentlichkeit erst nach dem Anschlag von Paris im November 2015. Diesen hatte der IS fast unbehelligt und in Ruhe vorbereiten können. Die Bedrohung für die innere Sicherheit Europas und damit auch Deutschlands geht somit nicht allein von Einzeltätern aus. Sie sind zwar gefährlich, doch die komplexe und weitverzweigte Organisation des IS ist es noch viel mehr. Denn sie bildet die Terroristen aus, motiviert und finanziert sie und leitet sie bis hin zur Begehung der Tat an.[10]

Dieses Muster beginnt sich nun auch in Deutschland abzuzeichnen. Die Attentäter von Würzburg und Ansbach sind keine Einzeltäter, sondern hatten Verbindungen zum IS. Es mehren sich Hinweise, dass sie vor der Tat in Kontakt mit einem Koordinator standen. Der Syrer Mohammad Daleel aus Ansbach soll im Irak für die Vorläuferorganisation des IS, den Islamischen Staat im Irak (ISI), gekämpft haben. Beide Anschläge könnten Bestandteil einer IS-Strategie zur Vorbereitung größerer Anschläge in Deutschland sein.

Die Terrororganisation verfügt für größere Anschläge in Deutschland und Europa zweifellos über die notwendigen Ressourcen und das entsprechende Personal. Nach Aussagen ehemaliger IS-Kämpfer, die aus Syrien und dem Irak nach Europa zurückgekehrt sind, unterhält die Organisation mindestens eine Abteilung, die Anschläge in Europa und Nordamerika plant und koordiniert.[11] Auch einige Dschihadisten aus Deutschland, die nach Syrien ausgereist waren, gehörten zu dieser Einheit und hatten dort Kontakt mit den späteren Attentätern von Paris. Mehrere Rückkehrer berichteten, dass der IS seit Frühjahr 2014 versucht habe, sie als Attentäter für Anschläge in Deutschland zu gewinnen.

Hunderte potenzielle Attentäter in Deutschland?

Allein die Zahl der potenziellen Attentäter in Deutschland gibt Anlass zur Sorge. Von besonderer Bedeutung für die innere Sicherheit sind die von Deutschland in den Irak und nach Syrien ausgereisten Personen, die sich dort dem IS oder mit al-Qaida verbundenen Dschihadisten-Gruppen angeschlossen haben und später wieder nach Deutschland zurückkehren. Das BfV schätzte die Zahl der aus Deutschland dorthin ausgereisten Personen im Mai 2016 auf mehr als 800.[12] Europaweit sollen es nach Schätzungen des King's College in London insgesamt bis zu 6000 Personen sein, wobei die Dynamik der Ausreise in den vergangenen Monaten etwas zurückgegangen ist. Die Gründe dafür sind noch nicht klar.

Von den bisher aus Deutschland ausgereisten 800 Personen sind laut BfV inzwischen etwa 120 tot. Etwa 300 Personen sind wieder zurückgekehrt. Im September 2016 belief sich die Zahl der sogenannten Gefährder, der als besonders gefährlich eingestuften Personen, auf insgesamt 520 in Deutschland. Darunter befinden sich nach Schätzungen der Behörden mindestens 70 Personen, die sehr wahrscheinlich an schweren Straftaten und Kriegshandlungen beteiligt waren und nachweislich Kampferfahrung haben. Dieser Personenkreis ist besonders gefährlich, da er über eine gute Ausbildung an Waffen verfügt und die Erfahrung des Tötens vermutlich bereits kennt. Darüber hinaus operieren diese Männer in internationalen Netzwerken und könnten in der Lage sein, komplexe Anschläge zu planen und auszuführen. Denn sie kennen die Strukturen und Lebensweise westlicher Länder und wissen, wie man sich unauffällig verhält. Sie verfügen zudem über westliche Pässe und sprechen unsere Sprache.

Somit stellt nicht allein die hohe Anzahl kampferfahrener und potenziell zu Anschlägen bereiter Rückkehrer die Sicherheitsbehörden vor ganz neue Herausforderungen, sondern auch deren wachsende Professionalität. Eine weitere Erschwernis stellt der massive Zustrom an Flüchtlingen seit September 2015 dar. Es ist davon auszugehen, dass sich unter den Flüchtlingen auch vom IS entsandte Kämpfer befinden, die in Europa Anschläge begehen sollen – wie zum Beispiel der Attentäter von Ansbach. Bereits die Anschläge von Paris haben gezeigt, dass der IS den Flüchtlingsstrom nutzt, um Attentäter nach Europa einzuschleusen.

Die Bedrohung durch al-Qaida

Neben dem IS besteht weiterhin auch eine Bedrohung durch al-Qaida (AQ) und die mit ihr verbundenen Gruppen. Zu nennen sind hier insbesondere die al-Qaida-Zentrale in Pakistan sowie deren Ableger im Jemen, die sogenannte al-Qaida auf der Arabischen Halbinsel. Weiterhin besteht eine Gefährdung durch europäische Dschihadisten in Syrien und im Irak, die sich nicht dem IS, sondern AQ-nahen Gruppen angeschlossen haben, in erster Linie der al-Nusra-Front (arabisch Dschabhat al-Nusra), die sich allerdings im August 2016 offiziell von al-Qaida lossagte und in Dschabhat Fath al-Sham (Front zur Eroberung Großsyriens) umbenannte.[13]

Die schlagkräftigste und gefährlichste Filiale für den Westen ist nach wie vor al-Qaida auf der Arabischen Halbinsel. Eines der Ziele von AQAP besteht darin, die USA zu einem Rückzug aus der islamischen Welt zu zwingen. Zu diesem Zweck verübt sie Anschläge auf amerikanische Ziele und Personen, aber auch auf europäische, vor allem britische und französische. So gab AQAP den im Januar 2015 erfolgten Anschlag auf die französische Satirezeitschrift *Charlie Hebdo* in Auftrag. Für die amerikanischen Sicherheitsbehörden galt AQAP bereits 2010 als gefährlichster Ableger des al-Qaida-Netzwerks, wofür auch die Fertigkeiten ihres Bombenbauers Ibrahim al-Asiri verantwortlich sind. Dieser ist für seinen besonderen Einfallsreichtum beim Konstruieren neuartiger Sprengsätze bekannt.

AQAP hat in den letzten Jahren bereits zweimal Anschläge auf die USA durchzuführen versucht und ist in beiden Fällen nur knapp gescheitert. So versuchte Umar Farouk Abdulmutallab, ein junger Nigerianer, Weihnachten 2009 einen in seiner Unterhose versteckten Sprengsatz beim Landeanflug auf Detroit zu zünden, wurde jedoch von wachsamen Passagieren daran gehindert. Im Oktober 2010 versuchte AQAP zwei mit Sprengstoff gefüllte Druckerpatronen mit Frachtflugzeugen in die USA zu senden. Auch dieser Anschlag wurde rechtzeitig erkannt und vereitelt.

In propagandistischer Hinsicht macht AQAP ebenfalls von sich reden. So hat ihr englischsprachiges Online-Magazin *Inspire* das Ziel, potenzielle Dschihadisten und Sympathisanten in der westlichen Welt für den Dschihad zu begeistern und für Anschläge zu mobilisieren – eine Radikalisierung der Diaspora.[14] In den seit Juli 2010 erschienenen 15 Ausgaben ruft das Magazin seine Leser auf, Anschläge auf eigene Faust und mit eigenen Mitteln in ihren Heimatländern zu begehen. Dafür liefert *Inspire* detaillierte Anleitungen, zum Beispiel für den Bombenbau. Die Attentäter, die 2013 den Anschlag auf den Marathon in Boston verübten, hatten ihre Sprengsätze nach einer Anleitung in der ersten Ausgabe von *Inspire* gebaut. In der zweiten Ausgabe erschien ein Artikel mit dem Titel »Die ultimative Mähmaschine«. Darin schlägt der Autor vor, mit einem Fahrzeug in Menschenmengen zu rasen, um auf diese Weise möglichst viele Menschen zu töten. Der Anschlag in Nizza am 14. Juli 2016 ist ein Beleg für den anhaltenden Einfluss von *Inspire*; viele der hier formulierten Ideen sind vom IS aufgegriffen worden.

Rechtsterrorismus und Linksterrorismus

Auch wenn der dschihadistische Terrorismus gegenwärtig die größte Bedrohung Europas und Deutschlands darstellt, so bedeuten die aktuellen Entwicklungen im Bereich des Rechtsextremismus ebenfalls eine Gefährdung der inneren Sicherheit. Anders als beim Dschihadismus ist die Bedrohung indes nicht von transnationaler Natur, die folgende Darstellung ist daher auf die Entwicklungen in Deutschland beschränkt.

Im Jahre 2015 war in Deutschland ein massiver Anstieg rechtsextremistischer Gewalt im Vergleich zum Vorjahr zu beobachten. Diese Entwicklung ist auf eine gewachsene Islamophobie und Ausländerhass infolge der massiven Zuwanderung von Flüchtlingen nach Deutschland zurückzuführen. Insgesamt erhält die rechtsextreme Szene nach einigen Jahren des Rückgangs derzeit wieder deutlichen Zulauf.

Die Zahl der Straftaten mit rechtsextremistisch motiviertem Hintergrund ist laut Verfassungsschutzbericht 2015 von 16 559 im Jahr 2014 auf 21 993 im Jahr 2015 gestiegen, darunter 1408 Gewalttaten. Das ist ein Anstieg der Gewalttaten um 42,2 Prozent gegenüber dem Vorjahr. Ziel rechtsextremistisch motivierter Gewalt sind ganz überwiegend Ausländer und Flüchtlinge. Die Zahl der fremdenfeindlichen Gewalttaten hat mit 918 Straftaten im Jahr 2015 innerhalb eines Jahres um 79,6 Prozent zugenommen. Gestiegen ist auch die Zahl der Angriffe auf Asylbewerberunterkünfte. Hier hat sich die Zahl der Straftaten auf 894 erhöht, wovon 153 Gewalttaten waren. Das sind mehr als fünfmal so viele wie 2014. Die Zahl der Brandstiftungen ist innerhalb eines Jahres von 21 auf 99 gestiegen, und die Zahl der Sprengstoffexplosionen hat sich gegenüber dem Vorjahr verdreifacht, sie lag 2015 bei 18. Einen signifikanten Anstieg gab es ebenso bei rechtsextremistisch motivierten Körperverletzungen, die sich von 871 auf 1116 im Jahr 2015 erhöhten.[15]

Ein politisch motiviertes Attentat stellte der am 17. Oktober 2015 in Köln verübte Anschlag auf die später gewählte Oberbürgermeisterkandidatin Henriette Reker dar. Der Täter rammte der Politikerin ein Messer in den Hals und verletzte vier weitere Personen. Gegenüber der Polizei erklärte der Mann seine Motivation damit, dass Reker die »Schuldige für das ganze Ausländerproblem« sei. Mit seiner Tat habe er ein Zeichen setzen wollen gegen die Zuwanderung von Flüchtlingen.[16]

Vonseiten des Linksextremismus besteht nach Einschätzung des BfV gegenwärtig keine direkte terroristische Bedrohung. Allerdings habe sowohl die Akzeptanz als auch die Intensität von Gewalt in der Szene in den vergangenen Jahren spürbar zugenommen. Die Zahl linksextremistisch motivierter Gewalttaten ist im Jahr 2015 um rund zwei Drittel auf 1608 Taten gestiegen. Der Verfassungsschutz zählte Ende 2015 etwa 7700 Personen zu den gewaltorientierten Linken. Gezielte Tötungen durch radikalisierte Einzeltäter oder Kleinstgruppen seien nicht vollständig auszuschließen.[17]

Linksextremisten verüben immer wieder Anschläge gegen Objekte. Dabei handelt es sich überwiegend um Brandanschläge oder sonstige Akte von Sabotage. Diese Taten zielen darauf ab, die Aufmerksamkeit der Medien zu gewinnen, um politische Botschaften zu verbreiten, die ideologisch begründet sind. Derartige Anschläge sollen eine Signalwirkung entfalten, indem sie zum Beispiel betroffene Unternehmen oder Betriebe zu einer Verhaltensänderung zwingen. Ein Beispiel für ein solches Vorgehen ist der Anschlag auf die Berliner S-Bahn im August 2014 (siehe Kapitel 4). Vom Grundverständnis her entsprechen solche Taten – ein nichtstaatlicher Akteur erzwingt mittels Gewalt Aufmerksamkeit für sein politisches Ziel – der in Kapitel 1 aufgeführten Definition von Terrorismus.

Die Bedrohung durch den Terrorismus existiert vor allem in unseren Köpfen

Die gestiegene Zahl an Terroranschlägen in den vergangenen Jahren in Europa hat bei vielen Menschen zu einer veränderten Wahrnehmung geführt, was die Bedrohung durch den Terrorismus angeht. So kommt eine im Juli 2016 durchgeführte Umfrage zu den »Ängsten der Deutschen« zu dem Ergebnis, dass sich 73 Prozent und damit rund drei Viertel aller Befragten vor Terrorismus fürchten.[18] Die Bedrohung durch den Terrorismus ist demnach zur größten Angst der Deutschen avanciert, zum ersten Mal in einer solchen Umfrage.

Die Ergebnisse zweier weiterer Umfragen deuten in dieselbe Richtung: Einer nach den Anschlägen in Würzburg und Ansbach im August 2016 durchgeführten Umfrage zufolge befürchten 76 Prozent in naher Zukunft weitere Terroranschläge in Deutschland.[19] Eine dritte Umfrage im August 2016 ergab schließlich, dass sich 56 Prozent der Deutschen im eigenen Land nicht mehr sicher fühlen. 2014 waren es noch 48 Prozent.[20]

Für das Gefühl zunehmender Bedrohung verantwortlich sei, so die Ergebnisse der erstgenannten Umfrage, zum einen die vermeintliche Zufälligkeit, mit der die Anschläge in der Wahrnehmung vieler Menschen erfolgen. Hierdurch entstehe der Eindruck, dass es jeden jederzeit treffen könnte. Zum anderen verstärke die intensive Berichterstattung in den Medien bei vielen Menschen das Gefühl der Bedrohung.[21]

Dennoch ist die Wahrscheinlichkeit, in Europa durch einen Terroranschlag getötet oder verletzt zu werden, unverändert extrem gering.[22] Die bis Ende August 2016 einzigen Todesopfer dschihadistischer Terroristen in Deutschland waren die beiden US-Soldaten, die 2011 am Frankfurter Flughafen erschossen wurden. Daneben waren bis zu diesem Zeitpunkt rund zwei Dutzend Menschen bei den Anschlägen in Würzburg und Ansbach verletzt worden. Zum Vergleich: Die Rechtsterroristen des Nationalsozialistischen Untergrunds (NSU) ermordeten allein im Zeitraum von 2000 bis 2006 zehn Menschen.

Demgegenüber sterben weitaus mehr Menschen durch Unfälle im Straßenverkehr und im Haushalt. Zu den tödlichsten Gefahren zählen immer noch das Rauchen oder das Schreiben von SMS beim Autofahren.[23] Auch werden jährlich rund 100 Personen in Deutschland vom Blitz getroffen, fünf bis zehn der Blitzschlagopfer sterben dabei.

Im internationalen Vergleich wird deutlich, dass Terroranschläge in Europa nach wie vor selten sind, auch angesichts der aktuellen Entwicklungen. Terrorismus ist vor allem ein Problem jener Länder, die immer wieder von politischen und konfessionellen Unruhen erschüttert werden. Dazu zählen insbesondere Afghanistan, Irak, Nigeria, Pakistan und Syrien. In diesen fünf Ländern ereigneten sich mehr als 57 Prozent aller Anschläge weltweit, so die Auswertung der Global Terrorism Database (GTD) für das Jahr 2014.

Ebenso entfielen 78 Prozent aller weltweiten Todesfälle durch Terrorismus auf diese Länder. Demgegenüber gab es in mehr als 60 Prozent aller Länder weltweit im Jahr 2014 keinen einzigen Todesfall durch Terrorismus zu beklagen. So auch in Europa und Nordamerika: Laut GTD ereigneten sich seit dem Jahr 2000 weniger als drei Prozent aller von Terroristen verursachten Todesfälle in westlichen Ländern.[24]

So weit die Statistiken. Im Zusammenhang mit der Bedrohung durch Terrorismus dient die Betrachtung der absoluten Opferzahlen auf den ersten Blick der Beruhigung, vor allem dann, wenn die terroristischen Gefahren durch den Vergleich mit allerlei Alltagsgefahren relativiert werden. Dennoch erfassen Statistiken einen wesentlichen Aspekt nicht: den der psychischen Bedrohung. Denn neben der Gefahr, an Leib und Leben zu Schaden zu kommen, ist dieser Aspekt essenziell für einen angemessenen Umgang mit dem Phänomen Terrorismus.

Wie bereits in den Kapiteln 1 und 2 erwähnt, ist für den Erfolg eines Anschlags die Wahrnehmung der betroffenen Menschen und der jeweiligen Gesellschaft maßgeblich, nicht allein die Zahl der Toten und Verletzten. Da Terroristen das Denken der Menschen besetzen wollen, ist deren Empfindung der Bedrohung in diesem Sinne entscheidender als das tatsächliche Ausmaß der Bedrohung.

Die physische Bedrohung ist, auch wenn dies hart klingen mag, kurzfristiger Natur und lokal begrenzt: Ein Anschlag findet statt und ist dann vorbei – nicht für die Betroffenen und Angehörigen, aber für weite Teile der Gesellschaft. Tote, Verletzte und Sachschäden sind in Zahlen mess- und somit in Statistiken erfassbar. Die psychischen Folgen hingegen betreffen die gesamte Gesellschaft und nicht allein die direkt Betroffenen. Diese Folgen haben kein Enddatum und sind nicht lokal begrenzt. Massenmedien und soziale Netzwerke erlauben die sofortige und weltweite Verbreitung der Bilder. Die entscheidende Wirkung eines Terroranschlags besteht somit auch und gerade darin, die Wahrnehmung der Menschen zu verändern, ihnen das Gefühl von Sicherheit zu rauben und destabilisierend auf die jeweilige Gesellschaft und damit auf einen demokratischen Staat zu wirken.

KAPITEL 4
VERHALTEN BEI TERRORANSCHLÄGEN

Vor Terroranschlägen kann man sich in einer freien Gesellschaft nur bedingt schützen. Welche präventiven Maßnahmen es gibt, ist das Thema von Kapitel 5. In diesem Abschnitt erfahren Sie, welche Handlungsmöglichkeiten Sie haben, falls Sie von einem Terroranschlag betroffen sein sollten. Wie in Kapitel 3 dargestellt, ist dies statistisch gesehen sehr unwahrscheinlich. Sollte es dennoch geschehen: In den meisten Fällen haben Sie Handlungsoptionen, die Ihr Leben retten können. Analog zu den verschiedenen Arten von Anschlägen unterscheiden sich diese jedoch von Fall zu Fall.

Sprengstoffanschläge

Ein Sprengstoffanschlag kündigt sich in der Regel nicht an, sondern wird Sie plötzlich und mit einer heftigen Explosion überraschen. Wenn Sie unverletzt geblieben sind oder nur leichte Verletzungen erlitten haben, können die folgenden Verhaltensmaßnahmen Sie vor Schlimmerem bewahren.

1 / Gehen Sie zunächst in Deckung. Legen Sie sich flach auf den Boden und schützen Sie mit den Händen Ihren Kopf und Ihren Nacken. Ist ein Tisch oder ein anderes halbwegs stabiles Möbel in der Nähe, suchen Sie darunter Schutz. Sollten Regale oder Schränke in der Nähe sein, die umstürzen und Sie unter sich begraben könnten, bewegen Sie sich aus deren Reichweite. Wenn möglich, halten Sie Abstand zu Fenstern, Glasfronten und Deckenlampen, denn deren Splitter können Sie schwer verletzen.

2 / Zwingen Sie sich unbedingt zur Ruhe. Wenn die Bombe in Ihrer unmittelbaren Nähe detoniert ist, klingeln vielleicht Ihre Ohren und Sie können vorübergehend nichts mehr hören. Um Sie herum könnten Sie Schutt und Splitter, Rauch, Tote, Verletzte und Chaos wahrnehmen. Jetzt beginnt für Sie die heikle Phase, denn Sie sind noch nicht in Sicherheit und müssen raus aus der Gefahrenzone. Dafür brauchen Sie einen klaren Kopf.

3 / Verlassen Sie die Gefahrenzone. Versuchen Sie, das Zentrum der Explosion zu lokalisieren, und bewegen Sie sich dann so zügig wie möglich davon weg. Suchen Sie nach Möglichkeit einen sicheren Ort auf. Das kann zum Beispiel eine Privatwohnung sein oder auch ein kleines, unscheinbares Hotel. Wenn Sie sich in einem Gebäude befinden, suchen Sie nach Treppenhäusern und Notausgängen oder orientieren sich in Richtung innen gelegener Räume. Fahrstühle sind tabu. Prüfen Sie Böden und Treppen auf Einsturzgefahr, bevor Sie sie betreten. Bei Rauch gehen Sie gebückt. Benutzen Sie weder Feuerzeuge noch Streichhölzer. Sobald Sie im Freien sind, verlassen Sie den Ort der Explosion. Bleiben Sie nicht vor Fensterscheiben oder Glastüren stehen. Machen Sie den Weg frei für Rettungskräfte.

4 / Sollte Ihnen ein Verlassen der Gefahrenzone nicht möglich sein, machen Sie die Rettungskräfte auf sich aufmerksam. Rufen Sie jedoch nicht, um keinen Staub einzuatmen. Machen Sie stattdessen mit Klopfzeichen auf sich aufmerksam oder benutzen Sie eine Taschenlampe, falls Sie eine bei sich tragen. Pfeifen Sie, wenn Sie können.

Hat herabfallender Schutt Sie unter sich begraben, sodass Sie sich kaum noch bewegen können, versuchen Sie dennoch, ruhig zu bleiben, bis Rettungskräfte eintreffen. In Deutschland dauert dies in den meisten Fällen nicht länger als eine Viertelstunde; in Ländern ohne entsprechende Infrastruktur mitunter mehrere Stunden.

Kontrollieren Sie Ihre Atmung. Gefährlich ist vor allem der bei der Explosion aufgewirbelte Staub, den Sie nicht einatmen sollten. Schützen Sie Mund und Nase daher nach Möglichkeit mit einem Stück Stoff. Atmen Sie nicht tief ein. Vermeiden Sie jede Bewegung, die weiteren Staub aufwirbeln könnte.

5 / Verhalten Sie sich still, wenn Sie Stimmen oder Bewegungen in Ihrer Nähe registrieren. Sie müssen zunächst sicher sein, dass es sich tatsächlich um Rettungskräfte handelt und nicht um Terroristen, die nach Überlebenden suchen, um diese möglicherweise zu exekutieren. Machen Sie erst dann auf sich aufmerksam, wenn Sie Helfer identifizieren konnten.

6 / Helfen Sie anderen, sofern möglich. Wenn Sie nach der Explosion unverletzt geblieben sind, um Sie herum jedoch Tote und Verletzte liegen, könnten Sie den Impuls verspüren, in Richtung des Explosionsortes zu laufen, um anderen zu helfen. Tun Sie das besser nicht: Ihre eigene Sicherheit hat Vorrang.

Gehen Sie kein Risiko ein, das Sie nicht einschätzen können. Helfen Sie, sobald keine Gefahr mehr für Sie selbst besteht. Unterstützen Sie die Helfer, indem Sie sie zum Beispiel auf verletzte Personen aufmerksam machen. Bewegen Sie diese nicht ohne entsprechende Anleitung durch die Rettungskräfte.

7 / Vorsicht vor weiteren Bomben. Eine beliebte Vorgehensweise von Dschihadisten besteht darin, am Anschlagsort mehrere Bomben zu platzieren und zeitversetzt zu zünden. Ein Sprengsatz macht den Auftakt. Sobald Rettungs- und Sicherheitskräfte, Schaulustige und Journalisten am Tatort eintreffen, werden weitere Bomben gezündet, häufig mit weitaus größerer Sprengkraft. Oftmals sind diese an möglichen Fluchtwegen positioniert. Auch Autobomben sind denkbar oder Selbstmordattentäter, die sich im Chaos nach der Explosion unter die Menschenmenge mischen. Auf diese Weise können Attentäter sowohl die Opferzahlen als auch die Schrecken des Anschlags potenzieren.

Ein Beispiel für diese Taktik ist der Bombenanschlag islamistischer Terroristen in der Stadt Kuta auf der indonesischen Insel Bali am 12. Oktober 2002, dem 202 Menschen zum Opfer fielen, weitere 209 wurden zum Teil schwer verletzt. Dabei explodierte zunächst ein kleiner Sprengsatz in einer Bar, der vermutlich in einem Rucksack versteckt war. Als die Besucher aus der Bar auf die Straße flohen, detonierte dort wenige Sekunden später eine per Fernzünder ausgelöste Autobombe mit enormer Sprengkraft. Die Opfer waren vor allem ausländische Touristen, überwiegend Australier. Auch sechs Deutsche und drei Schweizer waren darunter. Es war der bislang schwerste Terroranschlag in Indonesien.

Explodiert ein Sprengsatz auf der Straße, begeben Sie sich sofort in ein nahe gelegenes und sicheres Gebäude und bleiben dort, bis die Sicherheitskräfte Entwarnung geben. Ein sicheres Gebäude ist eines, das für Terroristen uninteressant ist und daher mit einiger Wahrscheinlichkeit nicht angegriffen wird, zum Beispiel wenn dort kein Publikumsverkehr herrscht oder das Ziel keinen Symbolcharakter hat.

Halten Sie sich fern von Menschenmengen und ungewöhnlich parkenden Autos oder Motorrädern; an diesen könnten weitere Bomben platziert sein.

Menschenmengen sind ein für Terroristen attraktives Ziel. Vertrauen Sie Ihrem Instinkt, wenn Sie inmitten vieler Menschen ein ungutes Gefühl haben, und verlassen Sie diesen Ort sofort.

8 / Führen Sie nur kurze Telefonate. Nach einem Anschlag ist das Netz sehr wahrscheinlich überlastet, sodass Sie mit Ihrem Anruf nicht durchkommen. Nutzen Sie besser Messenger-Dienste oder SMS. Informationen über die Bedrohung können Sie auch über *Katwarn* beziehen. Dabei handelt es sich um ein Warn- und Informationssystem, das im Falle von Katastrophen und bei Gefahrensituationen die betroffene Bevölkerung informiert. Die Anmeldung für das System ist freiwillig und kostenlos, eine Nutzung per Smartphone-App möglich.

9 / Arrangieren Sie sich auch danach mit der Situation, denn die gewohnten Strukturen werden für eine Weile nicht funktionieren. Unmittelbar nach einem Terroranschlag regiert das Chaos: Zahllose Sicherheitskräfte sind im Einsatz, Flughäfen, Bahnhöfe und Ausfallstraßen können abgeriegelt sein, die Krankenhäuser sind überlastet,

Schulen und Kindergärten geschlossen. Unter Umständen werden Sie und Ihre Familie evakuiert und müssen Ihr Haus oder Ihre Wohnung vorübergehend räumen. Stellen Sie sich mental darauf ein.

Bewaffnete Angriffe

Während Bombenanschläge in der Regel völlig überraschend erfolgen, bietet die terroristische Vorgehensweise des bewaffneten Angriffs durch einen oder mehrere Active Shooters den Betroffenen unter Umständen mehr Handlungsspielraum. Entscheidend ist es, diesen zu nutzen. Je schneller Sie handeln, desto mehr Optionen bleiben Ihnen.

Beginnen ein oder mehrere Active Shooters im öffentlichen Raum um sich zu schießen, so haben Sie grundsätzlich drei Möglichkeiten:

1 / Fliehen
2 / Verstecken
3 / Kämpfen

Fliehen

Fliehen ist bei einem bewaffneten Angriff die beste Option. Sobald Sie Schüsse hören, handeln Sie. Versuchen Sie zunächst, die Richtung zu identifizieren, aus der die Schüsse kommen. Bringen Sie dann, so schnell es geht, einen möglichst großen Abstand zwischen sich und den oder die Angreifer. Lassen Sie größere Gegenstände und

Wertsachen zurück, die Ihnen bei der Flucht hinderlich sind. Sie können Ihren Laptop ersetzen, aber nicht Ihr Leben.

Versuchen Sie auf Ihrer Flucht, den Weg des oder der Schützen nicht zu kreuzen und nicht in seine oder ihre Schusslinie zu geraten. Sollte dies schwierig sein und es keine Möglichkeit zum Verstecken geben, bewegen Sie sich, so schnell Sie können. Eine offene, ungeschützte Fläche überqueren Sie im Zickzacklauf. Selbst für geübte Schützen ist es schwer, ein Ziel in Bewegung zu treffen. Bewegen Sie sich also so viel wie möglich und suchen Sie immer wieder Deckung hinter Mauern oder massiven Gegenständen wie Betonpfeilern, Fahrzeugen oder massiven Möbeln. Auf der Straße können Sie Zuflucht in Hauseingängen suchen. Verlassen Sie sich nicht darauf, dass Fahrzeuge und Möbel Schutz bei Beschuss bieten. Anders als in Kinofilmen häufig dargestellt, können Autos nur dann halbwegs verlässlich Geschosse abhalten, wenn sie gepanzert sind. Da dies in europäischen Ländern höchst selten der Fall ist, suchen Sie am besten Deckung hinter einer der beiden Achsen. Die Vorderachse bietet mehr Schutz, da hier noch der Motor davorliegt. Fahrzeuge und Möbel erfüllen vor allem einen Zweck als Sichtschutz.

Auf dem Weg hinaus aus der Gefahrenzone versuchen Sie, andere Menschen ebenfalls zur Flucht zu bewegen. Denn die meisten verfallen in einer solchen Situation in eine Panikstarre oder versuchen, sich als erste Reaktion zu verstecken. Vergeuden Sie indes keine Zeit damit, Menschen, die nicht fliehen wollen, zur Flucht zu überreden. Damit bringen Sie sich selbst in Gefahr. Es geht jetzt um Sekunden.

Bleiben Sie nicht stehen, um Verwundeten zu helfen. Dies mag unmenschlich erscheinen, doch wenn aus einem Opfer unnötigerweise zwei werden, hilft dies allein den Terroristen.[25] Auch Sicherheitskräfte, die am Tatort eintreffen, müssen die Verwundeten zunächst ignorieren. Ihr wichtigstes Ziel besteht darin, zuerst den oder die Schützen auszuschalten.

Sobald Sie sich außerhalb der direkten Gefahrenzone befinden, rufen Sie die Polizei unter der Notrufnummer 110. Gehen Sie nicht davon aus, dass andere dies bereits getan haben. Halten Sie nach Möglichkeit Schaulustige davon ab, sich dem Ort des Anschlags zu nähern, damit diese sich nicht in Gefahr bringen. Gehen Sie immer davon aus, dass es noch weitere Schützen und auch weitere Tatorte geben könnte.

Verstecken

Sollten Sie bei einem bewaffneten Angriff nicht mehr fliehen können, verstecken Sie sich. Dies gilt etwa dann, wenn Sie sich in einem Gebäude befinden und der Schütze sich vor dem einzigen Ausgang postiert hat oder Sie sich in einem der oberen Stockwerke dieses Gebäudes aufhalten und die Flucht aus dem Fenster aufgrund der Höhe keine Option ist.

Suchen Sie ein geeignetes Versteck. Gut ist ein Ort, der Sie vor den Augen des Schützen verbirgt und vor Schussattacken abschirmt. Ungeeignet in einem Gebäude hingegen wäre zum Beispiel ein Zimmer am Ende eines Flurs, das für Sie zur Falle werden kann. Befinden Sie sich in einem Bürogebäude, einem Hotel oder einer Schule, dann versuchen Sie, die Tür abzuschließen und sich mithilfe von Schränken, Tischen und Stühlen zu verbarrikadieren. Machen Sie es dem oder den Schützen grundsätzlich so schwer wie möglich, den Raum zu betreten; im Zweifelsfall wird er weiterziehen und leichtere Opfer suchen, denn bis die Polizei eintrifft, bleibt ihm in der Regel nur wenig Zeit.

Schalten Sie das Licht in dem Raum aus und stellen Sie Ihr Telefon lautlos. Verhalten Sie sich still. Entfernen Sie sich von der Tür und den Fenstern, um aus der Schusslinie zu gelangen. Legen Sie sich flach auf den Boden und suchen Sie Schutz hinter massivem Mauerwerk.

Sobald Sie sich versteckt haben, rufen Sie die Polizei. Geben Sie Ihren Standort durch und halten Sie die Verbindung aufrecht, damit der Beamte am anderen Ende der Leitung Sie orten kann, sollten Sie nicht laut sprechen können.

Öffnen Sie nicht die Tür, wenn Sie sich nicht hundertprozentig sicher sind, dass es Polizisten oder Rettungskräfte sind, die davorstehen. Es kann vorkommen, dass Täter an die Tür klopfen und sich als Polizisten ausgeben oder aber um Hilfe rufen, um Sie auf diese Weise aus Ihrem Versteck zu locken. Prüfen Sie durch Fragen, wie viele Personen tatsächlich vor der Tür stehen: Sind es unterschiedliche Stimmen? Die Polizei geht in solchen Situationen im Team vor, sodass mindestens zwei, eher drei Personen vor der Tür stehen müssen. Vertrauen Sie in dieser Situation Ihrem Instinkt, nicht Ihrem Kopf.

Sollten Sie keinen Raum finden, in dem Sie sich verstecken können, suchen Sie einen Ort, an dem der Schütze Sie zumindest nicht sehen kann. Dies kann eine Besenkammer sein, ein Schrank oder vielleicht das Treppenhaus.

Mit etwas Glück gelingt es Ihnen, die Flucht zu ergreifen, sollte der Angreifer sich wieder entfernen.

Kämpfen

Kampf ist die schlechteste, da gefährlichste Option in einer Active-Shooter-Situation. Ohne vorheriges Training und Erfahrung im Umgang mit Gewalt ist es in der Regel keine gute Idee, einen bewaffneten Attentäter anzugreifen. Manchmal hat man jedoch keine andere Wahl. Dies gilt zum Beispiel in Zügen und in Flugzeugen, wo die Chancen, sich zu verstecken oder zu fliehen, gering bis nicht vorhanden sind.

Wenn Flucht nicht möglich und kein Versteck in der Nähe ist, dann bleibt als letzte Möglichkeit nur, um das eigene Leben zu kämpfen – mit einer Ausnahme: Es gibt Situationen, in denen Terroristen Geiseln nehmen und Sie somit eine Chance haben, von eingreifenden Sicherheitskräften gerettet zu werden, ehe Sie selbst kämpfen müssen. Bei einem Anschlag von Terroristen aus dem dschihadistischen Lager wie denen des Islamischen Staates oder von al-Qaida geht es zwar in erster Linie um das Töten möglichst vieler Menschen. Eine Geiselnahme ist dennoch möglich. Verhandlungen sind indes nicht geplant. Bei den bisherigen Anschlägen in Europa erfüllten die Geiseln lediglich den Zweck, die Dramatik der Situation und damit die Aufmerksamkeit der Medien zu erhöhen.

So war es beim Anschlag auf das Bataclan in Paris im November 2015, und auch Amedy Coulibaly nahm im Januar 2015 die Besucher eines koscheren Supermarkts als Geiseln, um sich dann zu verschanzen. Sein Ziel scheint es jedoch gewesen zu sein, die Geiseln eine nach der anderen zu ermorden und dies per Livestream zu verbreiten.

Wenn Sie aber erkennen, dass Ihr Leben ganz akut gefährdet ist, dann müssen Sie kämpfen. Tatsächlich können unter glücklichen Umständen auch unbewaffnete Menschen einen bewaffneten Attentäter ausschalten oder zumindest dessen Morden verlangsamen und damit Menschenleben retten.

Wenn sehr wahrscheinlich keine Gnade zu erwarten ist, steht man vor der Entscheidung, ob man sich ohne Gegenwehr umbringen lässt oder aber wenigstens den Versuch wagt, den Attentäter zu stoppen. Dass man dabei verletzt wird, muss man in dieser Situation in Kauf nehmen, doch auch mit Schusswunden ist immerhin ein Überleben möglich.

Am 21. August 2015 stieg Ayoub El-Khazzani in Brüssel in den Thalys-Schnellzug nach Paris. Im Grenzgebiet zwischen Belgien und Frankreich begann er, mit einem Sturmgewehr auf Passagiere zu schießen. Mehrere Reisende stürzten sich daraufhin auf den Attentäter, darunter zwei US-Soldaten sowie ein britischer Geschäftsmann. Gemeinsam gelang es ihnen, den Angreifer zu überwältigen. Der Brite Chris Norman sagte später im Interview, dass in dieser lebensbedrohlichen Situation seine Instinkte die Führung übernommen hätten:

»Ich dachte: Okay, ich werde vermutlich ohnehin sterben, also los. Ich wollte lieber aktiv sterben, bei dem Versuch, [den Attentäter] zu überwältigen, als einfach in der Ecke zu sitzen und erschossen zu werden. Entweder man sitzt und stirbt, oder man steht auf und stirbt. Mehr war es nicht.«[26]

Das klingt martialisch, zeigt aber, dass Menschen in Extremsituationen wie dieser nicht rational, sondern instinktiv handeln. In einer solchen Situation übernimmt der Überlebenstrieb die Regie. Sie werden dann zu Dingen in der Lage sein, die Sie sich niemals zugetraut hätten. Vorheriges körperliches und mentales Training können dazu beitragen, die Zeit der Entscheidung zum Handeln weiter zu verkürzen und die Wahrscheinlichkeit des Erfolgs zu erhöhen.

Auch wenn Sie nicht entsprechend trainiert sind, sich aber dennoch entschließen, aktiv gegen einen bewaffneten Angreifer vorzugehen, dann kämpfen Sie mit all Ihrer Kraft und Entschlossenheit. Seien Sie so aggressiv wie möglich. Vermutlich geht der Attentäter nicht davon aus, dass er von Unbewaffneten angegriffen werden könnte. Damit haben Sie das Überraschungsmoment auf Ihrer Seite. Nutzen Sie diesen taktischen Vorteil, um den Attentäter aus dem Konzept zu bringen und ihn so langsamer zu machen. Allein damit können Sie Menschenleben retten.

Setzen Sie Gegenstände in Ihrer Reichweite als Waffe ein. Sie haben einen Laptop oder ein Tablet? Bewerfen Sie den Attentäter. In Ihrer Nähe hängt ein Feuerlöscher? Schleudern Sie diesen gegen den Aggressor oder besprühen Sie ihn mit Schaum. Schütten Sie ihm heißen Kaffee ins Gesicht. Sie haben eine Taschenlampe oder einen Laserpointer? Blenden Sie den Angreifer. Seien Sie kreativ.

Bei einem Angriff auf den Attentäter muss es Ihr erstes Ziel sein, seine Waffe zu kontrollieren. Versuchen Sie, ihm diese zu entreißen. Ohne Schusswaffe kann er nicht mehr schießen. Dies verringert die Bedrohung deutlich. Wenn es nicht möglich ist, an die Waffe zu gelangen, versuchen

Sie, die Schussrichtung zu kontrollieren. Setzen Sie dem Attentäter so stark zu, wie Sie können. Greifen Sie ihn dabei am besten von hinten oder von der Seite an. Da eine Schusswaffe nur in eine Richtung abgefeuert werden kann, wird der Attentäter nicht in allen Fällen auf Sie schießen können.
Ist es Ihnen gelungen, den Täter zu entwaffnen, dann machen Sie ihn im nächsten Schritt kampfunfähig. Seien Sie nicht zimperlich. Beim Anschlag auf den Thalys-Zug beispielsweise nahm einer der beiden Amerikaner das Gewehr des Attentäters und schlug damit auf ihn ein.
Wie das Thalys-Beispiel zeigt, kann der Kampf gegen einen Einzeltäter erfolgreich sein. Dies gilt vor allem, wenn Sie als Team angreifen. Für einen Einzelschützen ist ein zeitgleicher Angriff durch mehrere Personen aus verschiedenen Richtungen kaum abzuwehren.

Die hier beschriebenen Prinzipien gelten auch für Attentäter, die nicht mit Schusswaffen, sondern mit Hieb- und Stichwaffen ausgerüstet sind, wie etwa der Attentäter von Würzburg, der am 18. Juli 2016 in einem Regionalzug fünf Menschen verletzte, vier davon schwer. Er war mit einer Axt und einem Messer bewaffnet. Ein solchermaßen bewaffneter Täter ist ebenfalls hochgefährlich, aber gerade durch ein Team leichter in Schach zu halten, da er nicht aus der Distanz töten kann, sondern dazu in die direkte Nähe seiner Opfer gelangen muss.

Brandanschläge

Das Verhalten bei Brandanschlägen lautet grundsätzlich: Melden – Retten – Bekämpfen. Es entspricht damit zunächst den Sofortmaßnahmen, die auch bei aus anderen Gründen entstandenen Bränden einzuleiten sind.

Sobald Sie einen Brand feststellen, **melden** Sie diesen zuerst der Feuerwehr unter der Telefonnummer 112, die gleichermaßen für Festnetz- und Mobilverbindungen gilt. Machen Sie der Feuerwehr gegenüber möglichst genaue Angaben über die Brandstelle und den Umfang des Feuers. Warten Sie eventuelle Rückfragen ab, bevor Sie auflegen.

Im zweiten Schritt geht es um die **Rettung** von Menschenleben: Warnen Sie die in dem Gebäude befindlichen Personen. Nicht jeder wird den Brandausbruch bemerkt haben. Betätigen Sie dazu einen der Feuermelder, sofern vorhanden, und binden Sie anschließend weitere Personen ein, die Sie bei der Evakuierung unterstützen. Denken Sie dabei auch an Ihren eigenen Schutz. Schließen Sie die Brandschutztüren und betätigen Sie die Rauchabzugsklappen, falls das Gebäude darüber verfügt. Dies kann die Ausbreitung des Brandes verhindern.

Verlassen Sie den Gefahrenbereich. Tun Sie dies zügig, aber ohne in panische Eile zu verfallen. Behalten Sie die Kontrolle über Ihr Handeln! Entscheidend ist das disziplinierte und geordnete Verhalten aller Personen, die sich im Gebäude befinden. Angst und Panik können zu unkontrollierten Fluchtreaktionen führen, beispielsweise indem sich die betroffenen Personen der Gefahrenzone nähern, statt sich von ihr zu entfernen. Beruhigen Sie ängstliche Personen und bringen Sie diese möglichst rasch in Sicherheit.

Unterstützen Sie Menschen, die auf Hilfe angewiesen sind, zum Beispiel Rollstuhlfahrer, Senioren oder Kinder. Folgen Sie den für den Brandfall angebrachten Hinweisschildern, die den Fluchtweg und den nächstgelegenen Ausgang sowie den Sammelplatz kennzeichnen. Aufzüge dürfen im Brandfall nicht benutzt werden, da das Feuer die Anlage außer Betrieb setzen kann. So könnten Aufzüge zu tödlichen Fallen werden. Suchen Sie dann die Sammelplätze auf, die bei offiziellen Gebäuden für solche Situationen vorgesehen und ausgewiesen sind.

Gehen Sie nach Möglichkeit gebückt, während Sie das Gebäude verlassen: Rauch und Hitze steigen nach oben, erschweren die Atmung und können dazu führen, dass Sie ohnmächtig werden. Je stärker der Rauch, desto tiefer sollte Ihre Körperhaltung sein. Notfalls kriechen Sie nach draußen. Nutzen Sie Taschentücher oder ein Stück Stoff, das Sie sich vor den Mund halten, um weniger Rauch einzuatmen.

Der letzte Schritt in dieser Kette besteht in der **Bekämpfung** des Brandes. Handlungsanweisungen im Falle eines Brandes sind in öffentlichen Gebäuden, in Unternehmen und Fabriken rechtlich vorgeschrieben und ausgehängt. Befolgen Sie diese Anweisungen. Dabei gilt stets: Menschenleben sind wichtiger als die Brandbekämpfung.

Im Falle eines terroristischen Brandanschlags sollten Sie neben den Maßnahmen Melden – Retten – Bekämpfen besonders auf Ihre Eigensicherung achten. Bei der Eigensicherung geht es grundsätzlich darum, die Situation möglichst genau zu erfassen.

Nur in den seltensten Fällen wird es im Falle eines Brandes Hinweise geben, dass es sich dabei um einen Anschlag handeln könnte. Dies könnte beispielsweise der Bericht eines Augenzeugen sein, der einen oder mehrere Täter einen Brandsatz hat werfen und anschließend flüchten sehen.

Sollte es entsprechende Hinweise geben oder Ihr Instinkt Sie warnen, dann seien Sie besonders vorsichtig: Weitere Brandsätze rund um das Gebäude könnten per Zeitzünder gezündet werden. Auch eine Bedrohung durch Bomben oder Waffengewalt kann außerhalb des brennenden Gebäudes nicht ausgeschlossen werden. Betrachten Sie also nach dem Verlassen des Gebäudes Ihre Umgebung aufmerksam und versuchen Sie festzustellen, ob Sie etwas Ungewöhnliches bemerken, zum Beispiel Menschen, die das Gebäude beobachten, statt sich vom Brandherd zu entfernen.

Moderne Brandsätze entwickeln schnell eine sehr große Hitze und sind zugleich schwer zu löschen. Dies führt nicht nur zu hohen Sachschäden, sondern erfordert auch besondere Schnelligkeit beim Anwenden der Sofortmaßnahmen Melden – Retten – Bekämpfen.

Brandsätze teilen sich in zwei Gruppen: solche mit intensiver Brandwirkung, die mit extrem hoher Temperatur an einer Stelle abbrennen, und solche mit einer verteilenden Brandwirkung, die beim Aufprall zerplatzen und über eine große Fläche brennende Substanzen verteilen.[27]

In der Regel ist das vorrangige Ziel von Brandanschlägen ein möglichst hoher Sachschaden. Ein Beispiel, wie man bereits mit einfachen Brandsätzen einen immensen Schaden erzielen kann, ist der Anschlag auf die Berliner S-Bahn am 28. August 2014. Damals warfen Linksextremisten einen Brandsatz in einen Kabelschacht der Bahn im Berliner Stadtteil Treptow. Mehrere Signalkabel fingen Feuer, woraufhin ein Stellwerk der Bahn ausfiel und den öffentlichen Nahverkehr vorübergehend lahmlegte: Viele S-Bahn-Linien waren für drei Tage stark beeinträchtigt, Hunderttausende Pendler und Reisende waren von den Einschränkungen durch diesen Akt der Sabotage betroffen.

Entführungen und Geiselnahmen

Entführung ist nicht gleich Entführung. Es existieren zahlreiche Varianten, da die Motive der Täter jedes Mal andere sind. So ist beispielsweise die Grenze zwischen Kriminalität und Terrorismus in vielen Fällen fließend. Dennoch gibt es einige Verhaltensregeln, deren Einhaltung die Wahrscheinlichkeit des Überlebens im Entführungsfall erhöht.
Vorweg: Vermeiden Sie unnötige Risiken und wählen Sie Ihr Reiseziel bewusst. Reisen Sie nicht in Regionen mit einem hohen Entführungsrisiko, wenn Sie nicht unbedingt müssen. Wenn Sie dennoch in solche Gebiete fahren, dann informieren Sie sich vorab genau über Ihr Reiseziel und planen Sie Ihren Reiseweg entsprechend, um das Risiko einer Entführung zu minimieren.
Sollten Sie dennoch Opfer einer Entführung werden, halten Sie sich vor Augen, dass die Kidnapper ein Interesse daran haben, Sie – zumindest für eine Weile – am Leben zu erhalten. Ihre Aufgabe besteht daher im Überleben. In den meisten Fällen ist Flucht keine Option. Tatsächlich versuchen nur wenige Entführte zu fliehen, weil ihnen bewusst ist, dass sie ein Fluchtversuch das Leben kosten

kann. Das geringste Risiko liegt darin, sich passiv und kooperativ zu verhalten und nicht aufzufallen. Widersetzen Sie sich nicht Ihren Entführern und provozieren Sie keine Gewalt.

Versuchen die Entführer, mit Ihnen zu kommunizieren, vermeiden Sie direkten Augenkontakt. Antworten Sie ehrlich auf Fragen, denn in einer Stresssituation werden Sie nicht mehr alle vermeintlich raffinierten Antworten rekonstruieren können und sich stattdessen in Widersprüche verstricken. Das kann die Aggressivität der Entführer erhöhen und Ihre Überlebenschancen mindern.

Von Anfang geht es darum, den Schock des Kontrollverlustes durch die Entführung zu mildern und den eigenen Handlungsspielraum nach und nach auszudehnen. Ihre Reaktion auf das Geschehen wird zunächst aus Furcht, Schock und einem Gefühl der Desorientierung bestehen. Mentale Übungen, ruhiges Atmen und Meditation können hier helfen. Über die Zeit wird sich die Situation stabilisieren.

Folgende Verhaltensregeln erhöhen die Wahrscheinlichkeit Ihres Überlebens:

1 / Gewinnen Sie so viel Kontrolle wie möglich zurück.

Dies umfasst Ihren Geist ebenso wie Ihren Körper. Kooperieren Sie und befolgen Sie die Anweisungen der Entführer, aber ziehen Sie innerlich klare Grenzen in Bezug auf Ihre persönlichen Werte und Einstellungen, sodass Ihre eigene Integrität gewahrt bleibt. Machen Sie sich klar, dass nicht Sie persönlich gemeint sind, sondern dass Sie als Mittel für einen bestimmten Zweck dienen.

2 / Beschäftigen Sie Ihr Gehirn, um Panik zu vermeiden.
Bestimmen Sie, was Sie denken, indem Sie sich selbst immer wieder neue Aufgaben stellen: Prägen Sie sich bereits zu Beginn der Entführung die Fahrtroute ein, schätzen Sie Zeitdauer und Zeitintervalle, versuchen Sie, Geräusche wahrzunehmen und einzuordnen: Befinden Sie sich beispielsweise in einer Stadt oder fahren Sie hinaus aufs Land? Dies hilft nicht allein, Ihre Panik zu kontrollieren, sondern kann den Sicherheitsbehörden später auch bei der Aufklärung helfen.

Dasselbe gilt bei der Ankunft am Ort Ihrer Gefangenschaft: Vermögen Sie festzustellen, wo genau Sie sind? Hat man Sie im Keller eingesperrt oder sind Sie auf einem Dachboden? Wie viele Türen und Fenster gibt es? Welche Geräusche hören Sie? Wenn man Sie in ein fensterloses Verlies gesperrt hat, können Sie Wege finden, das Verstreichen der Zeit auch ohne Uhr und ohne Tageslicht zu messen: Wie viele Mahlzeiten gibt es? Wann wechselt die Temperatur?

Für Ihr Überleben ist es von entscheidender Bedeutung, dass Sie optimistisch bleiben. Lassen Sie sich nicht hängen, machen Sie sich immer wieder bewusst, dass dort draußen andere Menschen an Ihrer Befreiung arbeiten. Ihre Entführer wollen in der Regel ebenfalls, dass Sie am Leben bleiben, denn tot nützen Sie ihnen nichts mehr. Sie sind ein Tauschgegenstand, ein Mittel zum Zweck. Ausnahmen hiervon sind Entführungen, bei denen Geiseln durch eine medienwirksame Inszenierung ihres Todes für die terroristische Propaganda instrumentalisiert werden. Der Islamische Staat machte 2014 und 2015 vor allem durch seine überaus brutalen Videos von Enthauptungen meh-

rerer Geiseln von sich reden. Ein Pilot der jordanischen Luftwaffe wurde bei lebendigem Leibe verbrannt. Doch auch für IS-Geiseln sind Verhandlungen nicht grundsätzlich ausgeschlossen, sodass auch für sie Optimismus und Hoffnung als Verhaltensprinzip gelten sollten.
Eine der wichtigsten Voraussetzungen für Ihr Überleben im Entführungsfall ist Selbstrespekt. Zeigen Sie gegenüber Ihren Entführern nach Möglichkeit weder Traurigkeit noch Schwäche, auch wenn es gerade zu Beginn einer solchen Gefangenschaft hart ist, sich an den Kontrollverlust und die ungewohnten Umstände zu gewöhnen. Dies wird mit der Zeit einfacher.

3 / Trainieren Sie Ihren Körper. Tägliche Übungen verbessern Ihren körperlichen Zustand. Zudem helfen sie gegen die allgegenwärtige Langeweile der Gefangenschaft und wirken sich positiv auf Ihren mentalen Zustand aus.
Damit Sie in Form bleiben, müssen Sie regelmäßig essen. Lehnen Sie das Essen nicht ab, das Ihnen die Entführer geben. Sie brauchen Energie, um zu überleben. Eine eventuelle Angst, die Entführer hätten das Essen vergiftet, ist unbegründet. Es gäbe für sie leichtere Möglichkeiten, Sie zu töten.

4 / Achten Sie auf Ihre persönliche Hygiene. Entwickeln Sie Routinen, um den eigenen Körper zu reinigen, soweit die Umstände dies erlauben. Eine über längere Zeit unterlassene Körperhygiene kann in extremen Klimaverhältnissen wie Wüsten oder Urwäldern fatale Folgen haben. Zudem ist Körperpflege Ausdruck Ihres Selbstrespekts und dient der Abgrenzung: Sie wollen nicht aussehen wie Ihre

Geiselnehmer. Als Mann schneiden Sie wenn möglich Ihre Haare und rasieren sich. Tragen Sie, sofern es Ihnen erlaubt ist, weiterhin Ihre eigene Kleidung als Ausdruck Ihrer eigenen Persönlichkeit.

5 / Bauen Sie eine persönliche Beziehung zu Ihren Entführern auf – in Maßen. Ihr Ziel sollte eine kontrollierte Kooperation sein. Bewahren Sie zu Anfang Distanz und gewinnen Sie zunächst einen Eindruck von Ihren Geiselnehmern. Versuchen Sie, die unterschiedlichen Persönlichkeiten und Charaktere einzuschätzen: Wer ist Anführer, wer Mitläufer? Wer freundlich, wer ein Sadist? Sobald Sie diesbezüglich etwas Klarheit haben, etablieren Sie vorsichtig und gezielt den Kontakt zu ausgewählten Geiselnehmern. Gelingt Ihnen das, können Sie eventuell Ihren Handlungsspielraum erhöhen, erhalten mehr Essen, dürfen häufiger auf die Toilette oder können Ihren persönlichen Komfort auf andere Weise steigern. Außerdem fällt es (psychisch gesunden) Menschen deutlich schwerer, diejenigen zu töten, zu denen sie eine persönliche Beziehung aufgebaut haben.

Bei alledem ist dennoch höchste Vorsicht geboten: Geisel und Geiselnehmer werden durch die extreme Situation und die damit verbundenen emotionalen Belastungen ungewollt zusammengeschweißt. Die Grenzen zwischen beiden Parteien können gerade bei länger andauernden Entführungssituationen verschwimmen. So kann es passieren, dass Geiseln ein positives emotionales Verhältnis zu ihren Entführern aufbauen und Sympathie und Verständnis für deren Sache entwickeln. Dieses als »Stockholm-

Syndrom« bekannte psychologische Phänomen kann dazu führen, dass die Geiseln mit ihren Geiselnehmern kooperieren oder diese gar gegenüber Polizei und Sicherheitskräften zu schützen versuchen.[28]

Im Anschluss an eine überstandene Entführung empfiehlt sich in jedem Fall eine psychologische Behandlung, um die extreme Situation bestmöglich zu verarbeiten und Folgewirkungen möglichst zu mildern.

KAPITEL 5
WAS JEDER GEGEN TERRORISMUS TUN KANN

Wenn Menschen auf grausame Attentate wie in Paris 2015 oder Nizza 2016 mit Panik, Entsetzen, Einschüchterung und Furcht reagieren, ist das nur allzu verständlich. Uns sollte aber bewusst sein, dass dieser Effekt beabsichtigt ist. Wie also können wir mit diesen Empfindungen umgehen? Können wir dem Versuch der Manipulation unserer Psyche etwas entgegensetzen? Wie können wir mit der terroristischen Bedrohung so umgehen, dass wir nicht in die Rolle der hilflosen Opfer verfallen?

Der Bedrohung durch den Terrorismus kann man grundsätzlich auf zwei Wegen begegnen. Zum einen müssen Terroristen daran gehindert werden, Anschläge durchzuführen. Dies ist zuvorderst Aufgabe der staatlichen Organe und Sicherheitsbehörden. Zum anderen kann auch jeder Einzelne – in begrenztem Rahmen – seinen Beitrag zu dieser Aufgabe leisten. Im Wesentlichen geht es darum, die Anzeichen für die in Kapitel 2 beschriebene Anschlagsvorbereitung im Planungszyklus der Terroristen rechtzeitig zu erkennen und zu durchkreuzen. Die stärkste Waffe dafür, die jeder von uns besitzt, ist die eigene Wachsamkeit.

Wo es nicht gelingt, Anschläge zu vereiteln, muss die aus der terroristischen Bedrohung entstehende Angst des Einzelnen verringert werden. Dies ist durch eine entsprechende Vorbereitung möglich. Hier geht es vor allem darum, den Stress kontrollieren zu lernen, den jede Extremsituation unweigerlich mit sich bringt. Vorbereitung erhöht die Widerstandskraft, die Resilienz des Einzelnen und damit der Gesellschaft.[29] Der Begriff Resilienz beschreibt die Fähigkeit, nach äußeren Widrigkeiten selbstständig und möglichst ohne Folgeschäden wieder in den Ausgangszustand des psychischen Gleichgewichts zurückzukehren. Wer resilient ist, erkennt den eigenen Handlungsspielraum auch in extremen Situationen und kann die bestehenden Möglichkeiten nutzen. Resilienz reduziert das Gefühl der Hilflosigkeit angesichts der Bedrohung.

Wie sich Anschlagsvorbereitungen erkennen lassen

Wie in Kapitel 2 beschrieben, lässt sich der terroristische Planungszyklus in den Phasen 2 und 3 durchkreuzen: während der Planung und Vorbereitung sowie bis unmittelbar vor der Durchführung eines Anschlags. Vor allem während der Ausspähung ihres Anschlagsziels müssen sich Terroristen exponieren und können dabei entdeckt werden. Auch Selbstmordattentäter sind anhand mehrerer Faktoren zu identifizieren. Ferner gibt es Möglichkeiten, herauszufinden, ob in der eigenen unmittelbaren Umgebung jemand eine Bombe baut.

Die folgenden Hinweise sollen vor allem eine Anregung sein, mit dem Ziel, Ihr Gefahrenbewusstsein zu schärfen. Es gibt jedoch keinen Grund zur Paranoia. Spielen Sie nicht ohne Not Detektiv. Manche Menschen zeigen ein auffälliges Verhalten, dessen Gründe sich dann in fast allen Fällen als harmlos herausstellen.

Ausspähung erkennen

Die Ziele von Terroristen sind häufig öffentliche Gebäude und Plätze, Verkehrsknotenpunkte wie Bahnhöfe und Flughäfen oder Verkehrsmittel wie Bahn, S-Bahn und Flugzeug. Um ein Ziel auszuspähen, müssen Terroristen sich dem gewählten Anschlagsort so weit nähern, dass sie Zugänge zu diesem Ort, Sicherheitsmaßnahmen, feste Abläufe wie zum Beispiel Schichtwechsel sowie den günstigsten Zeitpunkt für den Anschlag bestimmen können. Denn neben dem Wo ist das Wann entscheidend für den Erfolg der Terroristen.

Somit halten sich Terroristen für eine Weile in der direkten Umgebung ihres Anschlagsziels auf. Sie können sich dabei zum Beispiel als Handwerker, Lieferanten, Straßenmusiker oder Touristen tarnen, je nachdem, was die jeweilige Umgebung erfordert. Häufig verhalten sie sich währenddessen auffällig, weil sie versuchen, besonders unauffällig zu sein. Tatsächlich verfügen die meisten Terroristen nur über rudimentäre Fähigkeiten im Bereich der Aufklärung, da es ihnen an Ausbildung und Übung fehlt.

Terroristen nutzen unterschiedliche Varianten der Ausspähung. Am einfachsten zu identifizieren ist die sogenannte »örtliche Überwachung«.[30] Diese erfolgt von einem statischen Punkt aus, zum Beispiel einem Café, von dem aus sich ein gegenüberliegendes Regierungsgebäude gut beobachten lässt. Wenn Sie also eines Morgens einen Mann in Ihrem Stammcafé bemerken, den Sie vorher nie wahrgenommen haben, und wenn dieser über mehrere Tage oder gar Wochen hinweg jeden Morgen die meiste Zeit aus dem Fenster schaut, den Blickkontakt und Gespräche mit anderen Gästen meidet und dann plötzlich in diesem Café nicht mehr auftaucht – dann könnte dies auf eine Ausspähung hindeuten.

Die zweite Variante der Ausspähung ist die »bewegliche Überwachung«. Diese wird eingesetzt, um Personen oder sogenannte menschliche Ziele zu überwachen. Die Terroristen bewegen sich dabei analog zu der von ihnen ausgewählten Zielperson. Diese Variante wird vor allem bei Entführungen und Mordanschlägen genutzt, um den Tagesablauf der Zielperson, den der Bezugspersonen sowie des Umfelds auszuspionieren und einen geeigneten Zeitpunkt für die Entführung zu identifizieren.

Eine dritte Variante ist die »progressive Überwachung«. Diese kann sich über Wochen und Monate hinziehen und ist meist nur durch Zufall oder einen immensen Aufwand an Sicherheitspersonal aufzudecken. Die Terroristen gehen dabei so vor, dass sie die Aufklärung beginnen, um diese bereits nach einigen Tagen zu unterbrechen und manchmal erst Wochen oder Monate später wieder aufzunehmen. So reduzieren sie das Risiko einer frühzeitigen Enttarnung erheblich.

Grundsätzlich ist eine terroristische Ausspähung nur durch ein hohes Maß an Wachsamkeit und mit viel Übung zu entdecken. Die flächendeckende Verbreitung von Smartphones macht es Terroristen zudem deutlich leichter, ihre Zielobjekte unbemerkt zu filmen oder zu fotografieren. Auf der anderen Seite erleichtert sie auch aufmerksamen Zeugen, verdächtige Personen leichter zu beobachten und mögliches Beweismaterial an die Behörden weiterzugeben.

Sollten Sie den Eindruck haben, Zeuge einer Ausspähung geworden zu sein, dann wenden Sie sich möglichst bald an die Verfassungsschutzbehörden oder an das Landeskriminalamt Ihres Bundeslandes. Die Verfassungsschutzbehörden haben sogenannte Hinweistelefone, die eigens für diesen Zweck eingerichtet wurden.

Selbstmordattentäter erkennen

Der Einsatz von Selbstmordattentätern ist eine besonders perfide Taktik von Terroristen, da sich diese mitten in große Menschenmengen hineinbegeben, um ihren Sprengsatz dort zu zünden. Andererseits stellen sie stets eine Anomalie in ihrer jeweiligen Umgebung dar. Dies ermöglicht es geübten Beobachtern, sie unmittelbar vor der Tat zu identifizieren. Auch hier ist Wachsamkeit der Schlüssel. Auf folgende Faktoren sollten Sie achten: Alter, Aussehen, Kleidung, Körpersprache und Verhalten.

Alter und Aussehen: Selbstmordattentäter sind ganz überwiegend junge Männer im Alter zwischen 16 und 25 Jahren. Weibliche Täter sind weltweit selten und kamen in Europa bisher nicht vor, sind aber nicht grundsätzlich auszuschließen. Beachtenswert ist die Körperform. Männer mit schlanken Beinen haben in der Regel auch einen schlanken Oberkörper. Hat jemand schlanke Beine, aber einen unförmig wirkenden Oberkörper, könnte dies ein Hinweis auf einen am Rumpf befestigten Sprengsatz sein.

Die Vereinten Nationen empfehlen ihren Mitarbeitern in der Sahelzone, im Hinblick auf die Identifizierung von Selbstmordattentätern darauf zu achten, ob Männer frisch rasiert sind und ein starkes Parfüm benutzen. Vor der Ankunft im Paradies sollen sich die »Märtyrer« eines Selbstmordanschlags am ganzen Körper rasieren und Parfüm benutzen, um angemessen ins Himmelreich einzutreten. Insofern kann der obige Hinweis auch in Europa hilfreich sein. Im Gesicht kann man zum Beispiel an den helleren Hautpartien erkennen, ob sich jemand erst vor Kurzem den Bart abrasiert hat. Rasur und Parfüm sind Indikatoren, dennoch ist es ratsam, die eigene Beobachtung auf weitere Aspekte zu lenken, die aussagekräftiger sind.

Kleidung: Selbstmordattentäter müssen weite Jacken oder Mäntel tragen, um den darunterliegenden Sprengstoffgürtel zu verbergen, sofern sie den Sprengsatz nicht in einer Tasche oder einem Rucksack transportieren. Trägt beispielsweise jemand im Hochsommer in der U-Bahn einen ausgebeulten Wintermantel, dann ist dies eine Anomalie, weil sie nicht zu Ort, Zeit und den Umständen passt.

Viele Selbstmordattentäter tragen vor ihrem Anschlag Mützen oder Baseballkappen. Dies dient dazu, den sich auf dem Gesicht unweigerlich abzeichnenden Stress zu verbergen und das eigene Gesicht vor den Videokameras abzuschirmen. Auf diese Weise wird eine Identifizierung des Täters erschwert.

Körpersprache: Die Körpersprache gibt Aufschluss über die tatsächliche mentale Verfassung eines Menschen. Jemand, der kurz davor ist, sich inmitten einer Menschenmenge in die Luft zu sprengen, empfindet massiven Stress. Viele Täter stehen unter dem Einfluss von Drogen oder starken Beruhigungsmitteln. Dennoch äußert sich die psychische Belastung in einer Vielzahl auffälliger Faktoren. Dazu gehören starkes Schwitzen, fahrige Bewegungen oder nervöse Ticks. Auch die Gehweise kann ein Indiz sein. Setzt eine Person in eckigen Bewegungen einen Fuß vor den anderen wie ein Roboter? Das könnte an einer psychischen Ausnahmesituation, aber auch daran liegen, dass sie 20 bis 30 Kilo Sprengstoff unter dem Mantel trägt.

Besonders aufschlussreich sind die Hände von Selbstmordattentätern. Wo befinden sich die Hände der Person, die Sie im Auge haben? Sind sie fahrig und ständig in Bewegung, weil die Person vielleicht unter massivem Stress steht? Oder hat die Person mindestens eine Hand dauerhaft in einer Manteltasche oder Tasche? Dann könnte die Hand auf einem Zünder liegen.

Auch die Augen sind wichtig. Die Aufzeichnungen von Überwachungskameras zeigen, dass alle Selbstmordattentäter unmittelbar vor der Explosion einen ähnlich starren Blick haben. Die Gründe dafür sind noch nicht klar, aber vieles spricht für einen durch Stress bedingten Tunnelblick. Wohin schaut die Person? Zwinkert sie nervös? Versucht sie, jeden Augenkontakt mit anderen Menschen zu vermeiden?

Verhalten: In einigen Fällen murmelten die Attentäter unablässig Gebete, bevor sie sich in die Luft sprengten. In anderen Fällen berührten die Täter immer wieder ihren Mantel oder eine mitgeführte Tasche. Diese Handlung ist bei Waffenträgern zu beobachten, die sich immer wieder unbewusst davon überzeugen, dass die Waffe noch an ihrem Platz ist.

All diese Faktoren sind mögliche Hinweise. Doch behalten Sie stets das gesamte Bild im Blick. Einer der Faktoren allein ist kein ausreichender Hinweis auf einen potenziellen Terroristen. Erst wenn mehrere Auffälligkeiten zusammentreffen, macht dies eine Person verdächtig. Welche

Handlungsmöglichkeiten haben Sie dann? Auf die Frage nach dem richtigen Verhalten angesichts eines potenziellen Selbstmordattentäters gibt es keine allgemeingültige Antwort. Grundsätzlich wäre es wünschenswert, einen solchen Attentäter schnellstmöglich auszuschalten. Das setzt allerdings voraus, die betreffende Person eindeutig als Selbstmordattentäter identifiziert zu haben und über die Bewaffnung sowie das notwendige Training zu verfügen, diesen in der Öffentlichkeit unschädlich zu machen. Dies ist für Sie aller Wahrscheinlichkeit nach kein realistisches Szenario.

Es empfiehlt sich daher, einen potenziellen Selbstmordattentäter zu beobachten und sich sein Erscheinungsbild einzuprägen, um ihn beschreiben zu können. Dann entfernen Sie sich baldmöglichst aus der Gefahrenzone und rufen die Polizei. Lassen Sie einen möglichen Attentäter nicht merken, dass er entdeckt worden ist, und sprechen Sie ihn vor allem nicht an. Es besteht das Risiko, dass er dann seinen Sprengsatz auslösen könnte.

Bombenbauer erkennen

Für den Bombenbau benötigen Terroristen neben Zeit und den notwendigen handwerklichen Fertigkeiten einen geeigneten Ort, die erforderlichen Materialien und oft auch eine Möglichkeit, den Sprengsatz zu testen. Die drei letztgenannten Punkte können Hinweise auf einen Bombenbau geben.

Ort: In vielen Fällen mieten Terroristen für den Bombenbau eigens Wohnungen oder Hotelzimmer an.[31] Die Räumlichkeiten werden häufig allein für die Konstruktion des Sprengsatzes genutzt, nicht zum Wohnen. Solche Wohnungen oder Häuser können lange Zeit verlassen sein oder so wirken, weil der oder die Mieter zu ungewöhnlichen Zeiten (spät nachts oder am frühen Morgen) kommen und gehen und grundsätzlich den Kontakt zu anderen Mietern oder Nachbarn meiden. Ebenso dürfte wenig Post anfallen. Vielleicht sind die Fenster der Wohnung oder des Hauses dauerhaft verhängt.

Materialien: Für den Bau eines improvisierten Sprengsatzes, wie er von Terroristen genutzt wird, werden Chemikalien benötigt. Allerdings keine ausgefallenen, sondern solche, die auch im Alltag zu finden sind, wie zum Beispiel Aceton (Nagellackentferner), Peroxid (zum Bleichen von Haaren), Bremsflüssigkeit oder Dünger. Diese Chemikalien kann man in Drogerien, Supermärkten, im Chemiehandel oder in Gartencentern kaufen. Ein entscheidendes Indiz bei der Besorgung der Utensilien ist die Menge: Zur Herstellung einer Bombe mit einer ausreichenden Sprengkraft sind Chemikalien in Mengen erforderlich, die weit über den normalen Bedarf hinausgehen. Im Nachgang des Anschlags in Brüssel im März 2016 etwa fanden die Ermittler bei ihren Razzien Hunderte von Litern an Aceton und Peroxid. Sollten Sie feststellen, dass jemand solche Chemikalien in ungewöhnlich großen Mengen beschafft oder vorrätig hält, ist dies ein Warnzeichen. Auffällig ist auch der Besitz oder Erwerb von Metallpulvern wie Aluminium oder Magnesium, Nitraten oder Methylalkohol. Letzterer wird zum Beispiel benötigt, um Nitroglyzerin zu stabilisieren.

Wenn Sie feststellen, dass Ihr neuer Nachbar sehr scheu ist und nachts mehrere Säcke mit Dünger in seine Stadtwohnung schleppt, dann sollten Sie aufmerksam werden.

Auch Gegenstände, die in Laboratorien genutzt werden, sollten Ihre Aufmerksamkeit erregen: Augenschutzmasken, Reagenzgläser, Glaskolben. Daneben sind zerlegte Mobiltelefone ein mögliches Indiz. Sie könnten als Zünder für eine Bombe dienen.

Schließlich können auch Gerüche Hinweise auf verdächtige Materialien geben. Chemikalien reagieren beim Mischen, Erhitzen oder sonstigen Verarbeitungsschritten, was in vielen Fällen zu starken oder ungewöhnlichen Gerüchen führt. Manche Sprengstoffe wie zum Beispiel der Plastiksprengstoff Semtex haben einen etwas beißenden Geruch nach Mandeln oder Marzipan. Nutzen Sie also für Ihre Wachsamkeit auch Ihren Geruchssinn. Die Attentäter von Brüssel bauten ihre Bomben allerdings in einem Haus, das gerade renoviert wurde – so fiel der Chemikaliengeruch keinem der Anwohner auf.

Tests: Bombenbauer führen Testläufe durch, um zu sehen, ob ihr Produkt funktioniert. Diese Sprengungen werden typischerweise abseits von Siedlungen in Wäldern, Bergen oder an sonstigen abgelegenen Orten durchgeführt. Jede Explosion in einem abgelegenen Gebiet kann daher ein Alarmzeichen sein. Ausnahmen sind der Bergbau oder Erdarbeiten.

Mehren sich die Hinweise, dass Sie einem Bombenbauer auf die Spur gekommen sind, dann ist Ihre Option in diesem Fall einfach und gefahrlos: Verständigen Sie sofort die Polizei.

Wie wir Angst minimieren und einen klaren Kopf behalten können

Ob bei der Wahrnehmung einer terroristischen Bedrohungslage oder beim Versuch, einen Anschlag zu verhindern: In beiden Fällen befinden sich Menschen in Situationen, die für sie neu, ungewiss, außergewöhnlich, beängstigend oder alles zugleich sind. Um den eigenen Handlungsspielraum auch in extremen Situationen erkennen und die bestehenden Möglichkeiten nutzen zu können, bietet sich ein mentales Modell an, das in potenziell gefährlichen Situationen hilft, sich nicht von Stress, Furcht und dem Gefühl von Ohnmacht übermannen zu lassen: der OODA-Loop. Das Modell stammt aus dem militärischen Kontext und ermöglicht, Gefahrensituationen zügig zu erfassen und Entscheidungen zu treffen.

OODA-Loop

Der OODA-Loop (Schleife), entwickelt vom US-amerikanischen Luftwaffenpiloten und Militärstrategen John Boyd in den 1960er-Jahren, stellt einen Prozess der Wahrnehmung, Bewertung und Entscheidung dar. Anfangs diente der OODA-Loop Kampfpiloten dazu, im Gefecht schnell die richtigen Entscheidungen zu treffen. Heute wird das Modell von Spezialeinheiten weltweit verwendet, hat sich aber auch im geschäftlichen Kontext bewährt.[32]

OODA steht für Observe – Orient – Decide – Act, auf Deutsch: Beobachten – Orientieren – Entscheiden – Handeln. Die beiden ersten Phasen, Beobachten und Orientieren, bilden zusammen die schärfste Waffe für eine gute Einschätzung der Lage: die bewusste Wahrnehmung der eigenen Situation und Umgebung, kurz Wachsamkeit (englisch *situational awareness*). Beobachten bedeutet im Grunde nichts anderes, als zu jedem Zeitpunkt zu wissen, was um uns herum vorgeht. Orientieren sagt uns, wonach wir eigentlich Ausschau halten, wenn wir unsere Umgebung aufmerksam wahrnehmen. Unsere Informationen erhalten also einen Zusammenhang, sodass wir wissen, wie wir mit ihnen umgehen sollen.

Schritt 1: Beobachten
Es gibt eine Szene in dem Agenten-Thriller *Die Bourne-Identität*, in der die unter Gedächtnisverlust leidende Hauptfigur Jason Bourne in einem Restaurant sitzt und herauszufinden versucht, wer sie ist und warum sie ein Bankschließfach in der Schweiz besitzt, in dem sechs Pässe und eine Pistole lagen. In diesem Restaurant registriert Bourne Dinge, die andere Menschen nicht wahrnehmen. So gilt sein erster Blick den Ausgängen; ein langer Blick in das Lokal genügt, um festzustellen, dass eine der Kellnerinnen Linkshänderin ist und der Barkeeper ein erfahrener Kampfsportler. Und Bourne kann die Nummernschilder der sechs Autos wiedergeben, die auf dem Parkplatz vor dem Restaurant stehen.

Das Besondere an Bourne ist die Art und Weise, wie er seine Umwelt wahrnimmt. Er beobachtet genau, ist offen für neue Informationen und damit fähig, auf der Grundlage seiner Beobachtungen präzise Einschätzungen über seine Umwelt abzugeben. Bewusst beobachten zu können ist keine übernatürliche Fähigkeit, sondern kann trainiert werden. Grundsätzlich geht es darum, stets zu wissen, was um einen herum vorgeht, sowie neue Informationen zu erfassen und zuzulassen, sobald sich die eigene Umgebung verändert.

Für Polizisten, Soldaten und Personenschützer, aber auch für Detektive und (gut ausgebildete) Mitarbeiter privater Sicherheitsdienste ist diese Form der Wahrnehmung eine Voraussetzung, um ihre jeweiligen Aufgaben erfüllen zu können. Aber auch außerhalb der Sicherheitsbranche und -behörden ist das bewusste Beobachten für jedermann überaus nützlich: Die mentale Präsenz in der Gegenwart und das genaue Wahrnehmen der eigenen Umgebung können zu einer größeren inneren Ruhe führen und helfen, besser begründete Entscheidungen zu treffen.

Um das Konzept der Wachsamkeit besser zu verstehen, bietet sich das System des US-amerikanischen Schießausbilders Jeff Cooper an. In seinem Buch *Principles of Personal Defense* entwickelt er ein System, mit dessen Hilfe sich Extremsituationen schnell erfassen lassen, um so die eigene Handlungsfähigkeit zu erhöhen. Coopers System basiert auf einem Farbcode. Dabei steht jede Farbe für einen bestimmten Zustand der Wachsamkeit.

Im **Zustand Weiß** sind Sie entspannt und unvorbereitet. Sie sind nicht in der Lage, potenzielle Gefahren wahrzunehmen, geschweige denn, darauf angemessen zu reagieren. Werden Sie in diesem Zustand angegriffen, dann sind Sie vollkommen unvorbereitet und somit dem Angreifer ausgeliefert.

Zustand Gelb bedeutet, dass Sie Ihre Umgebung aufmerksam und bewusst wahrnehmen. Es gibt keine direkte Bedrohung, dennoch wissen Sie genau, wo Sie sind und welche Menschen sich um Sie herum befinden. Jason Bourne befindet sich in der oben beschriebenen Szene im

Zustand Gelb. Dies ist der Zustand der Wachsamkeit, der sich grundsätzlich empfiehlt, sobald Sie sich in die Öffentlichkeit begeben. Nutzen Sie nicht allein Ihre Augen, sondern auch Ihre Ohren und Ihren Geruchssinn. Gelb heißt, dass Sie Ihren persönlichen Gefahrenradar einschalten, sobald Sie Ihr Zuhause verlassen. Dies ist der Zustand, in dem Sie sich tagsüber überwiegend befinden werden. Im Alltag bedeutet das: Schauen Sie nicht unentwegt auf Ihr Smartphone, nehmen Sie die Kopfhörer aus den Ohren, legen Sie in der U-Bahn Ihr Buch weg, machen Sie kein Nickerchen. Nehmen Sie Ihre Umgebung bewusst und mit allen Sinnen wahr. Machen Sie ein Spiel daraus. Bald werden Sie Gefallen an Ihrer neuen Aufmerksamkeit gewinnen, da Sie Dinge entdecken werden, die Ihnen vorher nie aufgefallen sind.

In den **Zustand Orange** wechseln Sie, sobald irgendetwas Ihre Aufmerksamkeit erregt hat. Vielleicht sagt Ihnen Ihre Intuition, dass etwas nicht stimmt. In diesem Zustand nimmt Ihre Anspannung zu und Ihr Herzschlag erhöht sich. Sie konzentrieren Ihre Aufmerksamkeit jetzt so lange auf die potenzielle Gefahrenquelle, bis Sie entweder sicher sind, dass keine Bedrohung existiert, und Sie wieder auf Gelb herunterschalten, oder Sie realisieren, dass tatsächlich eine Bedrohung existiert. Dann machen Sie sich bereit zum Handeln.

Damit sind Sie in den **Zustand Rot** gewechselt, in dem Sie aktiv werden. Ihr Herzschlag hat sich nochmals erhöht, Adrenalin wird ausgeschüttet und Ihre Beobachtung ist nun so genau, dass Sie von der Bedrohung nicht mehr überrascht werden können. Dieser Zustand währt so lange, bis keine Bedrohung mehr existiert und Sie sich an einem sicheren Ort befinden. Dann schalten Sie wieder herunter, bevorzugt in den Zustand Gelb.

Schritt 2: Orientieren
Der erste Schritt des OODA-Loops, das Beobachten, besteht darin, die gegenwärtige Situation so zu erfassen, wie sie tatsächlich ist. Aber erst der zweite Schritt, das Orientieren, sagt uns, wonach genau wir eigentlich Ausschau halten sollten, was diese Informationen bedeuten und welche Konsequenzen wir daraus zu ziehen haben. Das ist gewissermaßen der Kern dieser Methode. Dafür stehen uns drei Instrumente zur Verfügung: 1. Wir definieren Standards und Abweichungen für unsere jeweilige Umgebung, um 2. Faustregeln für typisches und untypisches menschliches Verhalten abzuleiten, was 3. in die Entwicklung konkreter Aktionspläne münden sollte.

Standards und Abweichungen: Jedes Land, jede Stadt, jede Person hat so etwas wie einen Standard, eine Norm, einen Konsens darüber, was als normal gilt. Dieser Standard ist jenes menschliche Verhalten, das in einer bestimmten Umgebung zu einer bestimmten Zeit als alltäglich und gebräuchlich gilt.
In München gelten andere Dinge als normal als in Berlin. Am FKK-Strand ist Nacktheit die Norm, sodass jeder mit einer Badehose auffällt. In der Oper verhalten sich die Menschen in der Regel anders als bei einem Rockkonzert. Und jemand mit einem ausgebeulten Wintermantel sticht hervor, wenn er mitten im Hochsommer auf einen belebten Platz zusteuert, wo Menschen in kurzen Hosen sitzen und Eis essen.

In jeder Umgebung, in der wir uns bewegen, sollten wir einen für uns geltenden Standard definieren. Dieser Prozess geschieht meist ohnehin automatisch und unbewusst. Erst wenn wir einen Standard definiert haben, können wir systematisch Abweichungen von der Norm feststellen. Hier ist es allerdings wichtig, genauer zu bestimmen, worin unbedenkliche und verdächtige Abweichungen vom Standard bestehen. Beachten Sie zum Beispiel, dass in unterschiedlichen Kulturen ebenso unterschiedliche Standards gelten. Erst wenn Sie die lokalen Standards kennen, lassen sich auch die entsprechenden Abweichungen feststellen. Und achten Sie vor allem auch im eigenen Land darauf, Ihren Standard nicht zu eng zu definieren. Abweichendes Verhalten und Aussehen sind in den allermeisten Fällen kein Indiz für Gefahr, sondern Merkmale unserer offenen Gesellschaft – mithin genau dessen, was die Terroristen zerstören wollen. Laufen Sie nicht in deren Falle, indem Sie solche Abweichungen per se für unerwünscht und gefährlich erachten. Behalten Sie einen offenen Geist und schulen Sie Ihr Auge für die kulturelle und gesellschaftliche Vielfalt, die unser alltäglicher und erwünschter Standard ist. Nur das, was hierüber hinausgeht, sollte Ihre besondere Aufmerksamkeit erregen. Dabei handelt es sich häufig gar nicht um persönliche Auffälligkeiten, sondern um Geschehnisse. Abweichungen vom Standard sind zum Beispiel Ereignisse oder Vorgänge, die unter normalen Umständen stattfinden würden, es aber nicht tun. Oder aber es geschehen Dinge, die unter normalen Umständen nicht geschehen sollten.

Folgende einfache Fragen können dazu beitragen, schnell ein Gefühl für eine spezifische Umgebung zu entwickeln:

- Was passiert um mich herum?
- Wie ist die Atmosphäre dieses Ortes?
- Welches sind die unter diesen Umständen »normalen« Aktivitäten der Menschen?
- Wie verhält sich der Großteil der Menschen die meiste Zeit über?
- Welches Verhalten könnte dazu führen, dass jemand hier aus der Masse heraussticht?

Typisches und untypisches Verhalten: Wir werden auf Menschen aufmerksam, wenn ihr Verhalten von dem der übrigen Menschen in der spezifischen Umgebung abweicht. Was ein zu erwartendes Verhalten ist, bestimmen Sie für sich je nach Situation und Ihrem durch Beobachtung geschulten Erfahrungsschatz.

Im Sinne der Beobachtung und Wahrnehmung ist die Körpersprache besonders aussagekräftig. Einzelne Gesten spielen dabei keine Rolle, vielmehr geht es um grundsätzliche Verhaltensweisen. Drei davon sind besonders auffällig:

- Personen treten auffallend dominant oder unterwürfig auf.
- Personen fühlen sich erkennbar wohl oder unwohl.
- Personen wirken besonders interessiert oder desinteressiert.

Entwicklung konkreter Aktionspläne: Sie brauchen einen Plan für den Ernstfall. Angenommen, Sie sitzen in Ihrem Lieblingscafé mit einem Buch. Plötzlich stürmt ein Mann mit einem Messer herein und beginnt, wahllos auf die

Menschen einzustechen. Was tun Sie in einer solchen Situation? Hier geht es um Sekunden. Sie haben keine Zeit, um in der Gefahrensituation einen Plan zu entwickeln. Zudem wird auch der Stress Ihr Denken vernebeln. Sie brauchen also vorher einen Plan für eine solche konkrete Situation. Ohne einen Plan, ohne mentale Vorbereitung werden Sie womöglich im Schock auf Ihrem Platz sitzen bleiben und starr vor Angst warten, bis der Angreifer zu Ihnen kommt.

Jedes Mal, wenn wir eine neue Umgebung betreten, empfiehlt es sich deshalb, zuerst mit Blick auf Fluchtmöglichkeiten die räumliche Situation genau zu erfassen und dann einen Standard zu definieren, um Anomalien erkennen zu können. Anschließend entwickeln Sie einen groben Plan für den Ernstfall. Stellen Sie sich die einfache Frage: Was wäre, wenn ...? Und dann versuchen Sie, dafür eine möglichst einfache Lösung zu finden. In einem weiteren Schritt können Sie dieses Szenario immer wieder im Kopf durchgehen, bis Sie wissen, was genau Sie in welcher Reihenfolge in der entsprechenden Situation zu tun haben. Eine solche Visualisierung hilft Ihnen, in Gefahrensituationen sicherer zu handeln.

Im Café zum Beispiel wählen Sie Ihren Sitzplatz bewusst, weil Sie wissen, dass es noch einen weiteren Eingang gibt. Kommt ein Aggressor durch den Vordereingang, können Sie schnell reagieren und durch den Hinterausgang flüchten, um dann die Polizei zu rufen. Diesen Ablauf können Sie ein paarmal in Gedanken durchspielen, um ihn einzuüben.

Schritt 3: Entscheiden

Wir müssen Entscheidungen treffen, auch wenn wir nur selten alle Informationen vorliegen haben, um eine Situation tatsächlich vollständig oder gar objektiv beurteilen zu können. Deshalb sind wir gezwungen, mit den Informationen zu arbeiten, die wir durch Beobachten und Orientieren gewonnen haben. Wenn Sie Verdächtiges festgestellt oder eine Bedrohung identifiziert und im Geiste vorab einen Plan für diese Situation formuliert haben, dann haben Sie die beste Grundlage für eine angemessene Entscheidung geschaffen. Wichtig ist allein, dass Sie die verschiedenen Möglichkeiten durchgespielt haben, Ihre Optionen also kennen und so das Gefühl der Machtlosigkeit reduzieren, das eventuell auftreten kann.

Vertrauen Sie Ihrem Bauchgefühl bezüglich der Frage, ob Sie tatsächlich handeln müssen. Wenn Sie das Gefühl haben, dass irgendetwas nicht stimmt, ohne es genau benennen zu können, dann nehmen Sie dieses Gefühl ernst. Verstärken Sie Ihre Wahrnehmung und Beobachtung, wenn das angebracht erscheint, oder verlassen Sie umgehend den Ort. Zeichnet sich eine konkrete Bedrohung ab, dann rufen Sie die Polizei. Sofern Sie vorab einen Plan entwickelt haben, setzen Sie ihn nun um. Werden Sie aktiv!

Schritt 4: Handeln

Wenn Sie eine Bedrohung identifiziert und vorab eine Handlungsoption gefunden haben, die Ihnen einfach und umsetzbar erscheint, dann sind Sie mental auf die Gefahrensituation vorbereitet. Im nächsten Schritt müssen Sie handeln. Sehen Sie eine Möglichkeit zur Flucht, dann nutzen Sie diese. Hatten Sie geplant, den mit einem Messer bewaffneten Angreifer in dem Café mit Ihrer Cola-Flasche niederzuschlagen, dann tun Sie exakt dies ohne weiteres Überlegen.

Der OODA-Loop ist eine mentale Vorbereitung, um in einer Situation der Bedrohung rasch die eigenen Handlungsoptionen zu analysieren und die erfolgversprechendste auszuwählen, zu ergreifen und umzusetzen. Der Schlüssel für den Erfolg liegt in der Geschwindigkeit: darin, wie schnell Sie Bedrohungen erkennen und entsprechende Maßnahmen anwenden können. Doch erwarten Sie keine Wunder. Um die eigene Wahrnehmung so zu schärfen wie Jason Bourne, bedarf es einiger Zeit und Übung.

Die mentale Vorbereitung auf extreme Gefahrensituationen und die Identifikation von Hinweisen auf terroristische Anschlagsvorbereitungen sind die beiden wichtigsten Hebel für den Schutz vor Terroranschlägen, die jeder einzelne Bürger angesichts der aktuellen terroristischen Bedrohungslage ansetzen kann. Sie helfen, die diffuse Angst vor der Bedrohung zu bändigen und das Gefühl der Hilflosigkeit zu verringern. Terroristen auszuschalten ist die Aufgabe von Profis, von Polizei und Nachrichtendiensten. Aber die Sicherheitsbehörden allein können die Bedrohung nicht abwenden. Dies erfordert auch die Augen und Ohren der Bevölkerung, um frühzeitig von möglichen Vorbereitungen eines Anschlags zu erfahren und diesen vereiteln zu können. Eine offene und tolerante, aber auch wachsame Gesellschaft ist der beste Schutz gegen die Bedrohung durch den Terrorismus.

Das Wichtigste in Kürze

Um Ihnen einen schnellen Überblick zu ermöglichen, habe ich die wichtigsten Informationen des Buches hier noch einmal knapp zusammengefasst.

- Terroristen üben Gewalt aus, um die öffentliche Aufmerksamkeit auf ihre politischen Ziele zu lenken. Terrorismus ist eine Form der Kommunikation, jeder Anschlag ist eine Botschaft. Mit jedem Anschlag wollen die Terroristen eine bestimmte Reaktion provozieren. Meist geht es ihnen um eine Eskalation der Auseinandersetzung oder um das Verstärken innenpolitischer Spannungen. Anschläge sollen Angst und Schrecken verbreiten und den Staat provozieren. Angst ist dabei ein Hebel zur Destabilisierung der Gesellschaft. Nach einem Anschlag bergen Trauer, Wut oder Hass die Gefahr einer überzogenen Reaktion. Damit würden wir in die Falle der Terroristen laufen. Diese wollen unsere offene und tolerante Gesellschaft und unsere Grundwerte wie Freiheit, Menschenrechte und Demokratie zerstören. Die Reaktion von Politik, Bürgern und Medien auf einen Terroranschlag sollte daher besonnen und angemessen ausfallen. Wir verteidigen unsere Werte am besten, indem wir sie auch nach einem Anschlag leben.

- Attentate folgen einem Plan, dem terroristischen Angriffszyklus. Die Planung und Vorbereitung eines Anschlags zwingt die Terroristen, aus der Unsichtbarkeit herauszutreten und sich zu exponieren. Durch aufmerksames Beobachten können sich Ansatzpunkte für eine vorzeitige Aufdeckung des Plans ergeben.

- Die größte Bedrohung für Europa geht derzeit vom dschihadistischen Terror aus, in Form des Islamischen Staates und der al-Qaida. Besonders Frankreich und Belgien waren seit Frühjahr 2014 von Terroranschlägen in einer neuen brutalen Dimension betroffen. Doch auch Deutschland rückt zunehmend ins Visier des IS. Dieser hat bereits zu Anschlägen in Deutschland aufgerufen, verfolgt dabei eine Strategie und verfügt zudem über das notwendige Personal. Die wachsende Zahl der Einzeltäter, wie in Würzburg und Ansbach, dient der Ablenkung von größeren Planungen des IS. Auch wenn die Einzeltäter gefährlich sind, so geht die eigentliche Bedrohung von der Terrororganisation selber aus. Erschreckend ist die Zahl der potenziellen Täter: Etwa 520 sogenannte Gefährder, darunter 300 kampferfahrene Rückkehrer aus dem Irak und Syrien, befinden sich laut Einschätzung der Sicherheitsbehörden derzeit in Deutschland.

- Trotz der wachsenden Bedrohung ist die Wahrscheinlichkeit, in Europa Opfer eines Terroranschlags zu werden, gering. Terrorismus ist vor allem ein Problem politisch instabiler Länder wie Afghanistan, Irak, Nigeria, Pakistan und Syrien.

- In Kapitel 4 haben Sie kurze Handlungsanleitungen für unterschiedliche Szenarien von Terroranschlägen erhalten. Hierbei geht es nicht darum, diese auswendig zu lernen, sondern sich für den Ernstfall über die wichtigsten Verhaltensgrundsätze im Klaren zu sein. Hilfreich ist es, sich mental auf solche Gefahrensituationen vorzubereiten, indem man das eigene physische und psychische Verhalten für einen solchen Fall visualisiert, also wie in einem Film konkrete Situationen durchspielt.

- Die vielleicht wichtigste Aussage des Buches ist, dass wir als Einzelne und als Gesellschaft der Bedrohung durch den Terrorismus nicht hilflos ausgeliefert sind. Auf mehreren Ebenen können wir uns gegen Terrorismus schützen: Wir können dafür sorgen, dass die Angst nicht unser Denken beherrscht. Wachsamkeit und sensibles Beobachten können dazu beitragen, terroristische Vorbereitungen zu identifizieren, und dabei helfen, Attentate im Vorfeld zu vereiteln. Mithilfe des OODA-Loops können wir in Gefahrensituationen unseren Handlungsspielraum erweitern, indem wir schnellere und bessere Entscheidungen treffen. Vor allen Dingen jedoch können wir dafür Sorge tragen, dass unser Denken frei bleibt, sodass wir unsere demokratischen Werte und Ideale erhalten und verteidigen können.

Anmerkungen

1 Der Dschihadismus ist eine Spielart des islamistischen Terrorismus, die sich in ihrem Versuch, die Weltherrschaft zu erringen, explizit auch gegen die Kulturen Europas und Nordamerikas richtet.
2 Weihnachten 2009 bestieg der Nigerianer Umar Farouk Abdulmutallab ein Flugzeug in Amsterdam. In seiner Unterhose war eine Sprengladung versteckt. Diese wollte der Attentäter im Landeanflug auf Detroit zünden, er wurde jedoch von wachsamen Passagieren daran gehindert und der Anschlag damit vereitelt. Abdulmutallab war von al-Qaida auf der Arabischen Halbinsel (AQAP) entsandt worden. Siehe dazu auch Kapitel 3.
3 Siehe dazu das von AQAP herausgegebene Propagandamagazin *Inspire*, 5. Ausgabe, 2011.
4 Aus Sicht der britischen, amerikanischen und russischen Sicherheitsbehörden ist der IS verantwortlich. Im Februar 2016 schließlich sagte auch der ägyptische Präsident Sisi, es habe sich um einen Terroranschlag gehandelt. Zuvor hatte die ägyptische Untersuchungskommission bestritten, dass es sich um einen Terroranschlag gehandelt habe, vermutlich aber nur, um die für die Wirtschaft des Landes so wichtige Tourismusbranche nicht zu schädigen.
5 Europol: *European Union Terrorism Situation And Trend Report (TE-SAT) 2016*. Den Haag 2016, S. 22.
6 Global Terrorism Database ist eine der weltweit umfangreichsten Datenbanken zu Terroranschlägen. Seit 1970 hat sie mehr als 150 000 Fälle von Terrorismus erfasst. http://start.umd.edu/gtd/.
7 Mehr als 11 800 Menschen wurden von Terroristen als Geiseln genommen. Die in dieser Hinsicht gefährlichsten Terrorgruppen waren die aus Nigeria heraus in Westafrika operierende Gruppe Boko Haram und der IS im Irak und in Syrien. Beide gemeinsam waren 2014 für insgesamt 51 Prozent aller Anschlagsopfer verantwortlich. Siehe Miller, Erin: *Overview: Terrorism in 2014*. START College Park, MD, 2015. http://www.start.umd.edu/pubs/START_GTD_OverviewofTerrorism2014_Aug2015.pdf.
8 The Soufan Group: *Foreign Fighters. An Updated Assessment of the Flow of Foreign Fighters into Syria and Iraq*. New York 2015.
9 Nach Aussage von Bundesinnenminister Thomas de Maizière haben die Behörden in den vergangenen Monaten bereits »etliche Anschläge« verhindern können. Siehe Haselberger, Stephan; Scheffer, Ulrike; Tretbar, Christian: »›Niemand hat gesagt, wir schaffen das mit links‹. Thomas de Maizière zur Flüchtlingspolitik«. In: *Tagesspiegel*, 14.08.2016.

http://www.tagesspiegel.de/politik/thomas-de-maiziere-zur-fluechtlingspolitik-niemand-hat-gesagt-wir-schaffen-das-mit-links/14008358.html?mobile=false.

10 Steinberg, Guido: »Der IS ist die Bedrohung, nicht die Einzeltäter«. In: *Die Zeit*, 10.08.2016.
11 Callimachi, Rukmini: »How a Secretive Branch of ISIS Built a Global Network of Killers«. In: *New York Times*, 03.08.2016.
12 Bundesamt für Verfassungsschutz: »Dimension und Szenarien des islamistischen Terrorismus in Deutschland und Europa«. Eröffnungsrede von Präsident Dr. Hans-Georg Maaßen beim 13. Symposium des BfV am 2. Mai 2016 in Berlin. https://www.verfassungsschutz.de/de/oeffentlichkeitsarbeit/vortraege/rede-p-symposium-2016.
13 Es scheint sich dabei um einen taktischen Schachzug zu handeln, um die Kooperation mit anderen Rebellengruppen in Syrien zu erleichtern. Eine Verbindung zu al-Qaida besteht nach wie vor. Von daher ist es denkbar, dass sich die Gruppe zu einem späteren Zeitpunkt wieder offiziell al-Qaida zuwendet.
14 Ausführlich dazu siehe Peil, Florian: »›Inspire‹: Das Jihad-Magazin für die Diaspora«. In: Steinberg, Guido (Hrsg.): *Jihadismus und Internet: Eine deutsche Perspektive*. Berlin 2012.
15 Verfassungsschutzbericht 2015, S. 25 ff. https://www.verfassungsschutz.de/de/oeffentlichkeitsarbeit/publikationen/verfassungsschutzbericht.
16 Verfassungsschutzbericht 2015, S. 49.
17 Verfassungsschutzbericht 2015, S. 93 ff.
18 Umfrage der R+V-Versicherung. https://www.ruv.de/presse/aengste-der-deutschen.
19 Infratest dimap: »Befürchtung terroristischer Anschläge in Deutschland«. Berlin, August 2016. http://www.infratest-dimap.de/umfragen-analysen/bundesweit/ard-deutschlandtrend/2016/august/.
20 »Emnid-Umfrage: Großteil der Deutschen fühlt sich nicht sicher«. In: *Welt*, 15.08.2016. https://www.welt.de/politik/deutschland/article157655946/Grossteil-der-Deutschen-fuehlt-sich-nicht-sicher.html?wtrid=socialmedia.socialflow....socialflow_facebook.
21 https://www.ruv.de/presse/aengste-der-deutschen.
22 Siehe auch die Einschätzung von Risikoforscher Ortwin Renn: http://www.deutschlandradiokultur.de/angst-vor-anschlaegen-in-europa-risiken-werden-falsch.1008.de.html?dram:article_id=308936.
23 Vgl. Karig, Friedemann: »Das Echo des Terrors«. In: *jetzt.de*, 23.03.2016. http://www.jetzt.de/terrorismus/wie-hoch-ist-das-risiko-eines-terroranschlages-wirklich.

24 Institute for Economics and Peace: *Global Terrorism Index 2015*. Sydney, New York, Mexico-Stadt 2015. http://economicsandpeace.org/wp-content/uploads/2015/11/Global-Terrorism-Index-2015.pdf.
25 Sie sind in einem solchen Fall nicht zur Hilfe verpflichtet. Das gesetzliche Gebot der Hilfeleistung (§ 323c StGB) setzt explizit voraus, dass durch die Hilfe keine eigene Gefährdung entsteht.
26 Karimi, Faith: »Train shooting heroes: The men who helped avert a massacre in Europe«. CNN, 24.08.2015. http://www.cnn.com/2015/08/22/europe/france-train-shooting-heroes/index.html.
27 Verwendet werden dafür zum Beispiel weißer Phosphor, Brandöle, Thermit, Magnesium oder Kombinationen davon. Diese entzünden sich, sobald sie miteinander vermischt werden. Siehe dazu auch Nelson, G.: *Die Autobombe*. Ubstadt-Weiher 2008, sowie Preuss, Thomas: *Sprengstoffe und Sprengstoffanschläge: Erkennen und Abwehr*. Stuttgart, München 2011.
28 Mitunter entwickeln Geiseln unter den extremen Bedingungen der Gefangenschaft Zuneigung zu ihren Entführern, statt Angst vor ihnen zu empfinden. Aus Opfern können dann Verschworene der Täter werden. Siehe dazu https://www.lecturio.de/magazin/stockholm-syndrom/.
29 Zum Konzept der Resilienz siehe zum Beispiel Hanisch, Michael: »Was ist Resilienz? Unschärfen eines Schlüsselbegriffs«. In: *Arbeitspapier Sicherheitspolitik* 19/2016, Bundesakademie für Sicherheitspolitik, September 2016. https://www.baks.bund.de/sites/baks010/files/arbeitspapier_sicherheitspolitik_2016_19.pdf.
30 Zu den unterschiedlichen Varianten der Überwachung siehe zum Beispiel Nelson 2008, S. 12.
31 Ein Beispiel ist die Sauerland-Gruppe, die für den Bombenbau eine Ferienwohnung im Sauerland anmietete. Dort wurde die Gruppe auch verhaftet – daher der Name.
32 Ausführlich zum Konzept des OODA-Loops siehe zum Beispiel McKay, Brett; McKay, Kate: »The Tao of Boyd: How to Master the OODA Loop«. In: *Art Of Manliness*, 15.09.2014. http://www.artofmanliness.com/2014/09/15/ooda-loop/.

Weiterführende Literatur

Dieses Buch ist bewusst kurz gehalten. Viele Aspekte, die eine tiefer gehende Erörterung verdienen, konnten daher nur angerissen werden. Hier finden Sie einen nach Kapiteln sortierten Überblick über jene Bücher und Texte, die eine Vertiefung ermöglichen und die ich gerne zum Lesen empfehle. Auf die meisten davon habe ich bei meinen Recherchen selber zurückgegriffen.

Kapitel 1 – Was Terroristen wollen
Chaliand, Gérard: *The History of Terrorism: From Antiquity to ISIS*. Oakland, CA 2016.
Waldmann, Peter: *Terrorismus. Provokation der Macht*. Hamburg 2011.
Wright, Lawrence: *Der Tod wird euch finden. Al-Qaida und der Weg zum 11. September*. München 2007.

Kapitel 2 – Wie Terroristen vorgehen
Bolz, Frank; Dudonis, Kenneth J.; Schulz, David P.: *The Counterterrorism Handbook: Tactics, Procedures, and Techniques*. Boca Raton, FL 2012.
Dietl, Wilhelm; Hirschmann, Kai; Tophoven, Rolf: *Das Terrorismus-Lexikon: Täter, Opfer, Hintergründe*. Frankfurt am Main 2006.

Kapitel 3 – Die Bedrohungslage in Europa
Gigerenzer, Gerd: *Risiko: Wie man die richtigen Entscheidungen trifft*. München 2014.
McCants, William: *The ISIS Apocalypse: The History, Strategy, and Doomsday Vision of the Islamic State*. New York 2016.
Neumann, Peter R.: *Die neuen Dschihadisten: ISIS, Europa und die nächste Welle des Terrorismus*. Berlin 2015.
Renn, Ortwin: *Das Risikoparadox: Warum wir uns vor dem Falschen fürchten*. Frankfurt am Main 2014.
Reuter, Christoph: *Die schwarze Macht: Der »Islamische Staat« und die Strategen des Terrors*. München 2015.
Rumman, Mohammad Abu; Hanieh, Hassan Abu: *IS und Al-Qaida: Die Krise der Sunniten und die Rivalität im globalen Dschihad*. Bonn 2016.

Steinberg, Guido: *Kalifat des Schreckens: IS und die Bedrohung durch den islamistischen Terror*. München 2015.
Stern, Jessica/Berger, J. M.: *ISIS: The State of Terror*. New York 2016.
Weiss, Michael: *ISIS: Inside the Army of Terror*. New York 2016.

Kapitel 4 – Verhalten bei Terroranschlägen

Haynes, Roy; Rosetti, Frank: *Personal Security & Terrorism Awareness: A Comprehensive Risk Reduction Guide For the American Traveler*. Lincoln, NE 2002.
Nelson, G.: *Die Autobombe: Wie ich ein Fahrzeug richtig durchsuche*. Ubstadt-Weiher 2008.
Preuss, Thomas: *Sprengstoffe und Sprengstoffanschläge: Erkennen und Abwehr*. Stuttgart, München 2011.

Kapitel 5 – Was jeder gegen Terrorismus tun kann

Cooper, Jeff; Awerbuck, Louis: *Principles of Personal Defense*. Boulder, CO 2006.
Coyne, Shawn et al.: *Left of Bang: How the Marine Corps' Combat Hunter Program Can Save Your Life*. New York 2014.
Füllgrabe, Uwe: *Psychologie der Eigensicherung: Überleben ist kein Zufall*. Stuttgart, München 2016.
Lorei, Clemens; Hallenberger, Frank: *Grundwissen Kommunikation*. Frankfurt am Main 2012.
Lorei, Clemens; Sohnemann, Jürgen: *Grundwissen Eigensicherung*. Frankfurt am Main 2012.

Danksagung

Ein Buch ist niemals das Ergebnis der Arbeit allein einer Person. Das gilt auch für dieses Buch. Ich danke allen Menschen, die mich bei seiner Entstehung unterstützt haben.
Besonderer Dank gilt Simone Schelk, deren unermüdliches Streben nach Genauigkeit, wertvolle Hinweise und Begeisterung für das Thema mir beim Schreiben eine unschätzbare Hilfe waren. Ebenso danke ich Peter Mnich für seine klaren Worte und seine stete Bereitschaft, mich an seinem geradezu enzyklopädischen Wissen in vielen Gebieten im Bereich der Sicherheit teilhaben zu lassen. Guido Steinberg hat das Manuskript wiederholt gelesen und zahlreiche wertvolle Hinweise und Tipps gegeben, wofür ich sehr dankbar bin.
Zu großem Dank verpflichtet bin ich auch Ute Flockenhaus, Komplizin und Wegbereiterin, deren Engagement und Unterstützung dieses Buch überhaupt erst haben Wirklichkeit werden lassen.
Meinen bewährten Kollegen Yan St. Pierre, Malte Roschinski, Nik Wright und Susanne Schröder danke ich für unzählige erhellende und zugleich heitere Diskussionen rund um die Themen Terrorismus, Intelligence und Single Malt.
Und schließlich möchte ich jenen Personen danken, die hier nicht namentlich genannt werden können oder möchten. Dieses Buch ist auch das kondensierte Ergebnis Hunderter von Gesprächen, die ich in den vergangenen Jahren mit diesen Fachleuten und Spezialisten in aller Welt führen konnte.